W0284540

Das Buch

Erwin Moser

Inhalt

Wörter-Spielwiese

Ich liebe Bücher.

Lustige Bücher

und spannende Bücher.

Bücher über den Weltraum

und Bücher über Seeräuber.

Textwerkstatt
Seite 170

Dicke Bücher und dünne Bücher.

Märchen und Comics.

Text und Bilder:
Anthony Browne

Guten Morgen, good morning

M und T: mündlich überliefert

Telefon-ABC

A wie Anna
B wie Bach
C wie Carla
D wie Dach

E wie Eis
F wie Floh
G wie Geiß
H wie Hallo

I wie Igitt
J wie Jux
K wie Kitt
L wie Luchs

M wie Momo
N wie Nest
O wie Oma
P wie Pest

Q wie Quirl
R wie Rand
S wie Siri
T wie Tand

U wie Ulli
V wie Vieh
W wie Willi
X wie Xi

Y wie Ypsilon
Z wie Zaubertelefon

Hans Gärtner

A	Anton	N	Nordpol
B	Berta	O	Otto
C	Cäsar	P	Paula
D	Dora	Q	Quelle
E	Emil	R	Richard
F	Friedrich	S	Samuel
G	Gustav	T	Theodor
H	Heinrich	U	Ulrich
I	Ida	V	Viktor
J	Julius	W	Wilhelm
K	Kaufmann	X	Xanthippe
L	Ludwig	Y	Ypsilon
M	Martha	Z	Zacharias

Textwerkstatt
Seite 180

Reimbilder

Kaffee
Fee
Schnee

Igel
Ziegel
Spiegel

Schauer
Bauer
Mauer

Wörterbilder

Wer ist das?

Textwerkstatt
Seite 185

Zungenbrecher

Bleistiftspitzer sitzen schwitzend
beim Bleistiftspitzen.

Fischers Fritze fischt frische Fische,
frische Fische fischt Fischers Fritze.

Quatschende Quallen in quirligen Quellen
sind quasi wie quietschende Quasselstrippen.

Regenriesen reisen rasend rasch
auf riesigen Regenriesenwolken.

Struppige Struwwelköpfe
strafen streunende Strolche.

Zweiundzwanzig zierliche Zwerge zwicken zwei zweckige,
zwackige, zappelige Zwickelkrebse.

Es klapperten die Klapperschlangen,
bis ihre Klappern schlapper klangen.

Abzählverse

Enne, denne, dubbe, denne,
dubbe, denne, dalia.
Ebbe, bebbe, bambio,
bio, bio, buff.

Lirum, larum, Zwiebelkuchen,
Karin muss den Peter suchen.
Eierkuchen, Tintenfleck,
1, 2, 3 und du bist weg!

Ellerle, sellerle, sigerle, sa,
ribede, tabede, knoll.

Ix, ax, ux,
der rote Fuchs,
die graue Maus
und du bist raus.

Textwerkstatt
Seite 184

1, 2, 3 …

1, 2, 3
look at me
I look at you
1 and 2

1, 2, 3
toi et moi
moi et tu
perdu

1, 2, 3
uno, due, tre
spaghetti, patate, caffè
spaghetti, patate, caffè, caffè
spaghetti, patate, caffè

Eins, zwei, drei,
Spaghetti,
Kartoffeln,
Kaffee …

Türkischer Abzählreim

O piti, piti
karamela sepeti
terazi lastik
jimnastik
son dersimiz matematik

Was ist das?

Womit fängt ein Tiger an und hört ein Elefant auf?

Mit einem „T“.

Warum schließt die Amsel beim Singen die Augen?

Weil sie auswendig singen kann.

Wie heißt der schlauste Wurm?

Bücherwurm

Was ist das: Es macht „Mus-mus“ und fliegt herum?

Eine Biene im Rückwärtsgang.

Warum haben die Bienen einen Stachel?

Damit sie den Honig umrühren können.

Welche Äpfel wird man nie beim Obsthändler finden?

Pferdeäpfel

Gerald Bosch

Witze

Die Nachbarin sagt zu Tine:
„Ich habe dich eben beobachtet.
Du hast meinem Schäferhund
die Zunge rausgestreckt!"
„Das stimmt", sagt Tine.
„Aber Ihr Hund hat damit angefangen."

Ein Elefant und eine Maus spielen Fußball.
Plötzlich tritt der Elefant
aus Versehen die Maus in den Boden.
Nach einiger Zeit hat sie sich
wieder aus der Erde herausgegraben.
Der Elefant bittet sie um Verzeihung.
Da meint die Maus nachsichtig:
„Ach, das macht doch nichts.
Das hätte mir schließlich auch passieren können."

Hanna und Toni warten an der Straßenbahnhaltestelle.
„Mit welcher Linie musst du fahren?", erkundigt sich Hanna.
„Mit der 1. Und du?" „Mit der 3."
Da kommt die Linie 13. „Super", sagt Toni.
„Dann können wir ja zusammen fahren."

Briefe an Ole

Ole ist allein und langweilt sich.

Er denkt: Hier ist nie was los.

Plötzlich kommt ein 

durch das  geflogen.

Auf dem 

steht: An Ole.

Ole wundert sich und macht den 

auf.

Lieber Ole,

wenn du eine helle  *hast,*

mach lieber mit und hilf mir.

Ole wird aus dem 

nicht schlau.

Was soll er mitmachen? Wem soll er helfen?

Schon findet Ole wieder einen 

.

Lieber Ole,

auf dem  *steht ein*  .

Im  *ist was für dich versteckt.*

Was reimt sich darauf?

Das verstehe ich nicht, denkt Ole. Er reimt mal los:

Eine  wohnt im  .

Eine  hockt im  .

Ein  sitzt auf dem ...?

Und der  reimt sich auf ...?

Schon weiß Ole, wo was für ihn versteckt ist.

Auf dem  steht ein  .

Im  liegt wieder ein 

.

Ole ist gespannt, was diesmal drinsteht!

Und von wem sind die 

?

Margret Rettich • Rolf Rettich

Was siehst du jetzt?

Eva sitzt am Tisch in der
Küche und fragt:
„Was siehst du jetzt?"
Der Großvater sagt:
„Komm, wir schließen
die Augen!
So sieht man am meisten.
Pass auf!

Da sind:
ein Haus,
ein Zaun,
ein Fluss,
ein Boot,
ein Kind."

Eva fragt:
„Ist das Kind
im Haus
beim Zaun
am Fluss
mit dem Boot?"

„Nein."

„Ist es am Zaun vor dem Haus
am Fluss mit dem Boot?"

„Nein."

„Also ist es im Boot
auf dem Fluss
vor dem Haus
mit dem Zaun?"

„Nein,
es ist im Fluss
mit dem Boot
beim Zaun
vor dem Haus
und schwimmt.
Es schwimmt
und winkt der Mutter
am Fenster
vom Haus mit dem Zaun
beim Fluss hinter dem Boot."

Hans Manz • Verena Ballhaus

Die Giraffen meiner Nachbarin

Meine Nachbarin Frau Wiegel
hat im Garten fünfzehn ...,
eine sieben Meter lange,
wunderschöne, glatte ...
und aus irgendeinem Grunde
zwei sehr laute, dicke ...
Dazu hält sie eine Herde
kleiner, aber wilder ...,
dreizehn grüne Papageien,
die von früh bis abends ...,
zwei sehr prächtige Giraffen,
einen Käfig voller ...,
Störche, Gänse, Enten, Möwen

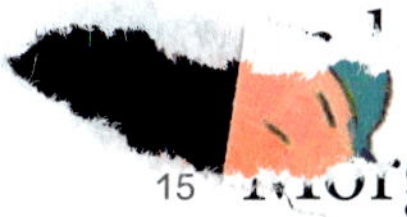

und seit gestern einen ...
Morgen Abend solln hier landen
zwei dressierte ...
Jetzt sucht sie noch irgendwelche
pferdegroßen, schwarzen ...
Fragt mich bitte nicht, wieso?
Sicher wird daraus ein ...

Gottfried Herold

Dicke Luft

„Pippi Langstrumpf hat ein Pferd“, sagt Mia. „Ich will auch eins!“

„Du bist nicht Pippi Langstrumpf“, sagt Mama brummig. „Zum Glück“, murmelt Papa. Er sagt morgens nie viel.

„Aber ich will, ich will, ich will!“, sagt Mia und trommelt mit dem Eierlöffel auf den Tisch.

„Ruhe!“, faucht Mama. „Mia!“, brüllt Papa und nimmt ihr den Löffel weg.

„Es heißt nicht: Ich will, sondern: Ich möchte“, sagt Mias Bruder Leo. Mia ist sieben Jahre alt, Leo ist zehn. Er will Mia immer erziehen! Mia streckt ihm die Zunge heraus. „Dicke Luft“, grunzt er und wackelt mit den Ohren.

Mia beobachtet
ihn neidisch.
Das möchte sie
auch können!

„Zu schwer für dich",
sagt Leo.
„Das lernst du nie!"

„Von wegen!", faucht Mia.
„Wenn ich zehn bin,
wackele ich mit vier
Ohren.
Du wirst dich noch
wundern!"

Mama und Papa lachen.

Mia guckt böse
von einem zum andern.
„Und ein Pferd kaufe
ich mir, wenn ich noch
älter bin", sagt sie.
„Ein Pferd und zwei
Katzen!"

„Haha", spottet Leo.
„Das dauert noch ewig."

„Na und?", sagt Mia.
„Ewig dauert gar nicht
lange!"
Und dann muss
sie kichern.

Anne Steinwart

Ich – Du – Wir

Wenn ich mir etwas wünschen könnte

Barbara war unzufrieden. Sie ging nun das zweite Jahr zur Schule und alles, was wichtig war, konnte sie nicht gut. Sie konnte nicht gut rechnen, sie konnte nicht gut lesen, sie konnte nicht gut schreiben. Und sie konnte nicht einmal das, was weniger wichtig war: Im Turnen war sie langsam, jedes Haus, das sie zeichnete, war schief, und jede [illegible] den sie sang, war falsch. Sie schaute auch nicht gern in den Spiegel, denn die andern Mädchen waren alle viel schöner als sie und die hatten auch alle viel mehr Freundinnen. Eigentlich hatte sie überhaupt keine Freundin, und wenn die Buben miteinander tuschelten, dann immer über andere Mädchen.

Textwerkstatt
Seite 170

Wenn ich mir etwas wünschen könnte, dachte Barbara manchmal, dann möchte ich aussehen wie eine Prinzessin und in der Schule die Beste sein.

Und plötzlich hatte die kleine Barbara großes Glück. Als sie einmal nachts erwachte und das Nachttischlämpchen anzünden wollte, war dort, wo sonst das Lämpchen war, eine kleine Fee. Sie war fast durchsichtig, hatte zarte Flügel und leuchtete von innen heraus.

Erschrocken setzte sich Barbara auf und hielt sich an der Bettdecke fest.

„Wer bist du?“, fragte sie schließlich.
„Ich bin eine Fee“, sagte die Fee, „du darfst dir etwas wünschen.“
„Oh!“, rief Barbara freudig. „Ich will ...“
„Überleg es dir gut“, sagte die Fee.
Aber Barbara brauchte nicht lange zu überlegen.
„Ich möchte blaue Schuhe“, sagte sie.

Text: Franz Hohler
Bilder: Rotraut Susanne Berner

Eine Buchstabengeschichte

Hans hat eine schwere Hand.

Das heißt: Seine Hand wirft Bälle
mit Leichtigkeit aufs Hausdach.
Oder sie streichelt die Katze sanft
und liebevoll.

Aber beim Schreiben wird die Hand schwer.

Hans übt daheim, läuft
hin und wieder zur Mutter und fragt:
„Wie sehen meine  aus?"

Die Mutter sagt:
„Wie Kartoffeln, aber die schmecken uns ja."

„Und meine 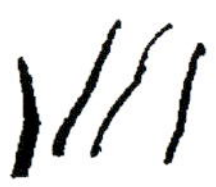 ?",
fragt Hans weiter.

„Nun, sie erinnern mich an Gräser, durch die ein übermütiger Wind lustig von allen Seiten bläst."

„Und meine BBB ?"

„Ach, die haben prächtig volle Bäuche. Die sind bestimmt zufrieden."

Hans schreibt weiter.
Dann überlegt er und sagt:
„Buchstaben sind etwas Wunderbares!"

„So?", wundert sich die Mutter.
„Wie meinst du denn das?"

„Auch wenn sie missraten, kann man sie immer noch lesen. Schau, was ich geschrieben habe!"

Ich bin glücklich.

Hans Manz • Verena Ballhaus

Malte ist schüchtern

Ich heiße Hanna. Ich gehe gern zur Schule. Nicht wegen der Lehrer, sondern weil ich da alle Freunde treffe. Meine besten Freunde sind Kevin und Jessi. Eigentlich mag ich alle Kinder in der Klasse, außer Malte. Kevin und Jessi sagen: Malte ist ein Trottel. Mit einem Trottel will keiner was zu tun haben.

Der Lehrer heißt Herr Unser. Wir Kinder sagen unser Lehrer zu ihm. Unser Lehrer sagt: Malte ist schüchtern. Das stimmt! Er meldet sich nur ganz selten. Und wenn unser Lehrer ihn anspricht, kriegt er eine rote Birne. Unser Lehrer sagt, man darf schüchtern sein. Das tut keinem weh. Das stimmt vielleicht auch. Jedenfalls hat Malte mich noch nie mit dem Lineal gepikt. Unser Lehrer sagt: Schüchtern ist schüchtern. Da gibt es nichts zu lachen. Und das stimmt auf keinen Fall!

Heute hat unser Lehrer Tierbilder aufgehängt und Fußspuren an die Tafel gemalt. Wir mussten raten, welches Tier zu welcher Spur gehört. Das kann ich gut, weil ich mit meinem Papa oft spazieren gehe und im Wald Spurenraten spiele. Ich habe jedes Tier gewusst, aber unser Lehrer wollte mich bald nicht mehr drannehmen. Er hat gesagt, die anderen sollen auch mal überlegen. Das fand ich blöd.

Textwerkstatt
Seite 171

Wenn ich schon mal was weiß. Als er Entenspuren angemalt hat, habe ich mich trotzdem gemeldet. Aber unser Lehrer hat nicht mich, sondern Malte gefragt.

„Na, Malte, was meinst du? Welches Tier könnte das sein?“ Malte hat etwas geflüstert und eine rote Birne gekriegt. „Wie bitte?“, hat unser Lehrer gefragt. Er hat Elefantenohren gemacht, um Malte besser zu hören. Bei mir gibt er sich nie so viel Mühe. Bei Malte hat er immer Geduld.

Ich hatte jetzt keine Geduld mehr. „Das sind die Spuren von einer Ente“, habe ich gerufen.

Unser Lehrer hat geschimpft. Ich sei vorlaut, hat er gesagt. Man muss Kindern, die langsamer sind, Zeit geben. Wahrscheinlich kann unser Lehrer mich nicht leiden. Jessi und Sven sagen, unser Lehrer mag nur Schüchterne. Die stören den Unterricht nicht. Soll er doch!

Nele Moost

Der Platz neben Connie

Als Connie in die Schule kam, war ihre Freundin Flopsi schon da. Aber Flopsis Schulsachen lagen nicht auf ihrem Platz. Es läutete. Flopsi huschte auf den Platz neben der Birgit. Birgit mit dem Prinz-Eisenherz-Schnitt. Dort saß sonst die Liesi. Liesi mit den schönen langen roten Haaren. Aber die war heute krank. Und Flopsi, diese dumme Kuh, benützte die erstbeste Gelegenheit, um Connie zu verlassen. Das war ur-gemein!

Den ganzen Vormittag spürte Connie ein fürchterlich heißes Bauchstechen. Sie konnte gar nicht richtig aufpassen. Immer wieder schaute sie zu Flopsi und Birgit hinüber. Ganz kurz nur, damit sie es nicht merkten. Beim Lesen stockte sie ein paar Mal.

„Was ist denn los?“, fragte die Frau Lehrerin.

Connie schüttelte den Kopf. Wenn die Frau Lehrerin nicht einmal wusste, wie weh es tat, wenn sich die beste Freundin – die so genannte beste Freundin – zu jemand anderem setzte, dann hatte es keinen Sinn, ihr das zu erklären.

Jutta Treiber

Textwerkstatt
Seite 175

Sofie hat einen neuen Pullover

Oma hat Sofie einen Pullover geschenkt.
Er ist knallrot und hat einen Rollkragen.
Sofie findet den Pullover schön.
Die werden in der Schule staunen!
Auf dem Stuhl sitzt sie ganz gerade,
damit man den Pullover auch gut sieht.
In der Pause spielt sie nicht mit,
damit der Pullover nicht schmutzig wird.
Aber keiner sagt etwas, nicht mal Frau Heinrich.

Am nächsten Tag will sie
den Pullover nicht mehr anziehen.
„Du spinnst wohl!“,
sagt Sofies Mutter.
„Nein, ich spinne nicht“, sagt Sofie.
„Keiner mag den Pullover.“
„Wieso?“, fragt Mutter.
„Keiner hat was gesagt.“
„Hör mal“, sagt Mutter,
„du hast mir doch erzählt:
Olli hat so schöne neue Stiefel.
Hast du ihm was dazu gesagt?“
„Nein“, sagt Sofie.

Peter Härtling

Textwerkstatt
Seite 178

Auf dem kürzesten Weg

„Und heute Mittag wird auf dem Heimweg nicht gebummelt“, sagt Kims Mama. „Du kommst auf dem kürzesten Weg nach Hause.“

„Ist gut, Mama“, sagt Kim. Obwohl sie sonst sehr gerne bummelt, will sie Mamas Wunsch erfüllen.

Nach der letzten Stunde verlässt Kim die Schule. Sie geht nicht wie gewohnt durch den Vorderausgang.

Kim rennt hinter der Schule über den Bolzplatz, geht die Böschung hinauf und kriecht oben durch das dichte Gebüsch.

Vor ihr liegen viele kleine Gärten.

Vorsichtig stelzt Kim über Blumenbeete, kniehohe Zäune, Salate und Kohlköpfe.

Sie klettert über eine leere Hundehütte und schließlich wieder über einen Bretterzaun. Endlich hat Kim die Gärten hinter sich.

Sie überquert eine Straße und
hat schon wieder ein Problem.
Mitten auf dem kürzesten
Weg steht ein Haus.
Sie schaut nach oben.
Wie soll sie da hinauf- und
auf der anderen Seite
wieder hinunterkommen?

Im selben Moment kommt
Sven aus dem Haus.
Sven geht in Kims Klasse.
„Darf ich mal kurz in
euer Haus?“, fragt sie Sven.
„Ja klar, wieso?“,
erwidert Sven.
„Erzähl ich dir morgen!“,
ruft Kim.

Sie rennt ins Haus
und durch die Hintertür
hinaus auf den Hof.
Danach muss sie noch
über den Zebrastreifen und
über den Spielplatz, schon ist
sie zu Hause.

„Wieso kommst du
so spät?“, fragt Mama
vorwurfsvoll.
„Aber Mama“, sagt Kim,
„auf dem kürzesten Weg
geht es nicht schneller.“

Werner Färber • Detlef Kersten

Mit dir

Mit dir würde ich
über das Wasser gehen,
wenn du mir die Hand gibst
und sagst: Komm!
Mit dir würde ich
über das Wasser gehen,
nach Amerika oder Indien,
zu Fuß
über das Wasser, und ich glaube,
wir sind schon unterwegs.

Friedl Hofbauer

Einen Stich hat Josephine

War es eine Wespe
oder eine Biene?
War es die Sonne
oder eine Mücke?
War es eine Nadel
oder ein Floh?

Es ist ein Stich aus Eitelkeit,
sie hat ein tolles neues Kleid.

Christiane Grosz

Sonne, Mond und Sterne

Sonne, Mond und Sterne
schenke ich dir gerne.
Erde, Frieden, Lachen
musst du selber machen.

Peter Maiwald

Ich hab was für dich

Bist du traurig? Hast du Sorgen?
Soll ich dir mein Lächeln borgen?
Nimm es nur und nütz es gut,
dass es seine Wirkung tut.
Hilft es dir und bringt's dir Glück:
gib's mir irgendwann zurück.

Wolf Harranth

Vielleicht

Vielleicht hast du morgen
ein Königreich,
vielleicht und vielleicht
auch nicht,
und wenn du es nicht hast,
weine nicht gleich,
du hast ja dieses Gedicht.

Frantz Wittkamp

Lieber Paul!

Jeden Tag schaue ich in den Briefkasten.
Nie ist ein Brief von dir drinnen.
Warum schreibst du mir nicht? Bist du krank?
Oder hast du mich schon vergessen?

Wenn du zum Schreiben zu faul bist, schicke mir
eine Kassette mit deiner Stimme.
Oder bist du zum Reden auch zu faul?
Wie ist es denn in der neuen Schule?
Sind die Kinder nett? Hast du einen Lehrer
oder eine Lehrerin?

Wenn ich nicht bald etwas von dir höre,
werde ich bitterböse auf dich.

Deine alte Freundin Susanna

Textwerkstatt
Seite 175

Liebe Susi!

Die Idee mit der Kassette ist gut. Leider ist mein Rekorder kaputt. Er zerbeißt alle Bänder. Zum Reparieren ist er zu alt. Ich wünsche mir zum Geburtstag einen neuen. Ich wollte dir ohnehin jeden Tag schreiben. Aber immer ist etwas dazwischengekommen!

Unser Nachbar ist mein Freund. Er ist kein Kind, sondern ein alter Mann. Ich fahre mit ihm auf dem Traktor. Er hat drei Kühe, zwei Schweine und viele Hühner und drei Katzen. Seine Kinder sind schon ganz erwachsen.

In der Schule habe ich noch keinen Freund. Nur einen Feind. Franzi heißt er. Dauernd stänkert er. Neben mir sitzt die Paula. Sie sagt, ich soll den Franzi verhauen. Aber dazu ist er mir zu groß. Wenn die Kinder schnell reden, verstehe ich sie nicht. Ihr Dialekt ist anders. Meine neue Lehrerin ist lustig. Sie schimpft nie.

Bis auf die Lehrerin und den Nachbarn war früher alles schöner. Meiner Mama gefällt es hier auch nicht. Nur sagt sie das nicht. Jetzt tun mir die Finger weh. So viel habe ich noch nie geschrieben.

Viele Grüße
dein Freund Paul

Christine Nöstlinger

Herbst

Nur ein kleines Samenkorn

Textwerkstatt
Seite 183

Es ist Herbst.
Ein stürmischer Wind fegt die Samenkörner einer großen roten Blume durch die Luft. Weit bläst der Wind sie über das Land. Was wird aus ihnen? Und wohin fliegen sie alle?

Als sie über das große Meer fliegen, fällt eins ins Wasser und geht unter. Auch das kleine Samenkorn ist schon dicht über den Wellen. Im letzten Augenblick packt es der Wind und bläst es wieder hoch in die Luft.

Weiter und weiter fliegen die Samenkörner. Unter ihnen liegt die Wüste in der Sonnenglut. Eins fällt auf den heißen, trockenen Sand und verdorrt. Das kleine Samenkorn ist müde und wäre auch beinahe in die Wüste gefallen. Aber der Wind trägt es wieder zu den andern und pustet alle vor sich her.

Text und Bilder: Eric Carle

Drachensteigen

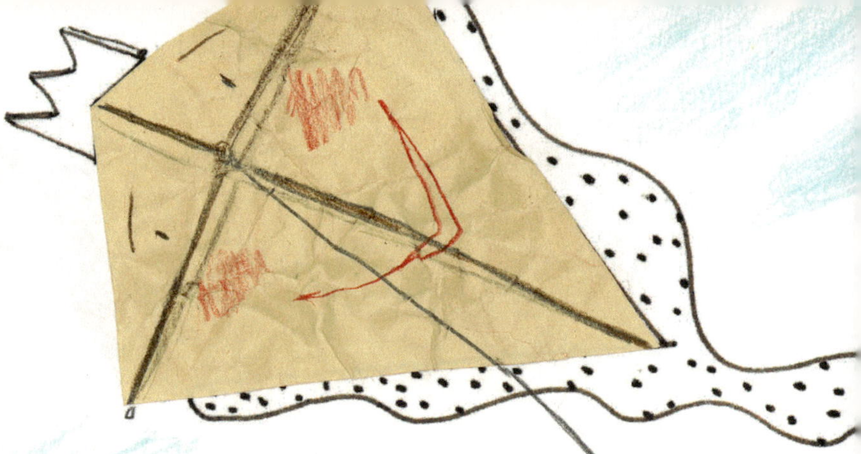

Wenn der Herbst die Blätter golden färbt, treffen sich die Kinder auf den Wiesen. „Wir lassen Drachen steigen!“, rufen sie. Sie spulen die Schnur ab, und der Wind trägt die bunten Papiergesellen hinauf. „Diesmal habe ich auch einen Drachen“, sagt der kleine Jörg. „Na ja“, meinen die anderen. Der Drachen sieht ein bisschen zerknittert aus. Aber dafür hat ihm Jörg ein freundliches Gesicht aufgemalt. Und dann gibt es eine Überraschung: Jörgs Drachen steigt höher als alle anderen! „Hurra!“, schreit Jörg. „Mein Drachen ist der König!“ Den ganzen Nachmittag rennen die Kinder über die Wiesen. Als es dämmrig wird, sind sie müde. „Wir wollen nach Hause gehen“, sagen sie, und sie wickeln die Drachenschnur auf. Aber Jörg steht mit leeren Händen da. „Wo ist dein Drachen?“, wollen die anderen wissen. „Ich habe ihn freigelassen“, sagt Jörg. „Er wollte hinauf zum Abendstern.“ „Du bist dumm“, lachen die Kinder, und sie laufen nach Hause. Der kleine Jörg aber steckt die Hände in die Hosentaschen und geht fröhlich heim.

Gina Ruck-Pauquèt

Goldene Welt

Im September ist alles aus Gold:
die Sonne, die durch das Blau hinrollt,
das Stoppelfeld,

die Sonnenblume, schläfrig am Zaun,
das Kreuz auf der Kirche,
der Apfel am Baum.

Ob er hält? Ob er fällt?
Da wirft ihn geschwind
der Wind
in die goldene Welt.

Georg Britting

Milder September

Igel und Ameisen,
Grillen und Schnecken
wissen: Der Winter,
er ist nicht mehr weit!

Seht ihr sie fressen?
Sie lecken und schlecken,
schlingen und schmatzen
und nützen die Zeit.

Frisch noch gefeiert,
bevor der November
fauchend und frech
vor dem Herbstwalde steht.

Schön ist die Zeit,
wenn im milden September
reich und gesegnet
der Sommer vergeht!

James Krüss

Textwerkstatt
Seite 182

Der Wind vor dem Richter

Richter: Wer hat was gegen den WIND zu klagen?

1. Kläger: Mir hat er ein Fenster entzweigeschlagen.
2. Kläger: Mich packte er wie ein Hund am Rock.
3. Kläger: Mir warf er vom Fenster einen Blumenstock.
4. Kläger: Mir zog er die Wäsche vom Seil auf den Rasen.
5. Kläger: Mir hat er die Zeitung vom Tisch geblasen.
6. Kläger: Mir hat er den Staub ins Gesicht geweht.
7. Kläger: Mir hat er den Regenschirm umgedreht.

Richter: Das sind ja ganz böse Geschichten.
Wer weiß nun was Gutes vom WIND zu berichten?

1. Zeuge: Mir wär ohne WIND noch kein Drachen gestiegen.
2. Zeuge: Auch ich kann ihn brauchen beim Segelfliegen.
3. Zeuge: Er trocknet die Wäsche und trocknet die Erde.
4. Zeuge: Er lenkt doch die Wolken wie der Hund seine Herde.
5. Zeuge: Er ist auch ganz lustig, wenn er spielt mit den Hüten.
6. Zeuge: Und macht er nicht fruchtbar Millionen von Blüten?

Richter: Man bringe den Angeklagten hierher,
dann stelle er sich mal selber zur Wehr.

Diener: Herr Richter, ich suchte im ganzen Haus,
ich glaube, er flog zum Schornstein hinaus.

Richter: Dann ist er freilich nicht mehr zu fassen.
Wir wollen ihn weiterhin blasen lassen.

Oskar Dreher

Textwerkstatt
Seite 181

Am 11. November ist der Tag des Sankt Martin.

Sankt Martin und der Bettler

An einem bitterkalten Winterabend ritt Martin auf seinem schönen weißen Pferd nach Hause. Da trat ihm am Stadttor ein Bettler entgegen, der schrecklich fror. Der Bettler hatte keinen Mantel und kein Hemd, keine Strümpfe und keine Schuhe. Der Bettler streckte dem Reiter die Hände entgegen. Martin wollte dem Bettler Geld geben, aber er hatte keine einzige Münze dabei. Da griff Martin sogleich nach seinem warmen Mantel, holte sein Schwert heraus und teilte den großen, schönen Mantel in der Mitte durch. Eine Hälfte gab er dem Bettler. Der wickelte sich in das Manteltuch ein. Da wurde es ihm ganz warm. Der Bettler war nun sehr froh und dankte Martin. Als Martin an diesem Abend eingeschlafen war, hatte er einen Traum: Er sah Christus. Christus war genau mit dem Mantelstück bekleidet, das Martin am Abend verschenkt hatte. Da ging Martin am nächsten Tag hin und ließ sich taufen.

Rolf Krenzer

Das kleine Eichhörnchen

Das kleine Eichhörnchen sammelt Vorräte für den Winter.

Es vergräbt Eicheln unter einem großen Stein. Es versteckt Haselnüsse und Bucheckern unter einer Wurzel.

Schließlich klettert das kleine Eichhörnchen in die Baumkrone hinauf. Fröhlich springt es von Ast zu Ast ...

... bis es müde ist und in sein Nest aus Zweigen und Halmen schlüpft.

In der Nacht kommt der erste Schnee. Als das kleine Eichhörnchen erwacht, hat es großen Hunger. Es schlüpft aus dem Nest.

Aber heute sieht alles ganz fremd aus! Aufgeregt gräbt das kleine Eichhörnchen im Schnee.

Wo sind die Vorräte jetzt? Da fegt ein Windstoß die Schneehaube von einem großen Stein.

Das hungrige Eichhörnchen hat einen Teil seiner Vorräte wiedergefunden.

Susanne Riha

Natur entdecken: Tiere

Von Katzen, Hunden und Kleintieren

„Hallo, das bin ich!"

Ein Hund stellt sich mit seinem Geruch vor. Unter dem Schwanz hat er eine Drüse, die seinen besonderen Duft verströmt. Hebt der Hund seinen Schwanz, kann ein anderer ihn beschnuppern.
Ein hocherhobener Schwanz ist wie ein fester Händedruck unter Menschen.

„Gestatten: Katze."

Katzen, die sich begrüßen, reiben sich aneinander. Auch am Kopf. Dort haben Katzen Drüsen, die ihren besonderen Duft absondern.
Wie Hunde und viele andere Tiere erkennen auch sie einander am Geruch.

„Streichle mich!
Jaaaa!"

Es gibt regelrechte Schmusehunde.
Sie kuscheln sich an dich oder legen sich vor dir auf den Rücken.
„Ich bin so lieb.
Streichle mich!",
soll das heißen.
Sie drehen sich so, dass du an jede ihrer Lieblingsstellen drankommst.
Die sind bei jedem Hund woanders.
Ausprobieren!

„Bitte streicheln!“

Katzen lassen sich von einem Menschen, dem sie vertrauen, gerne streicheln – wenn sie in Stimmung dafür sind. Das zeigen sie dir deutlich:
Sie umschmeicheln dich und werden zudringlich.
Sie maunzen oder schnurren.

„Wie gemütlich!“

Das Meerschweinchen macht ganz seltsame Geräusche, es klingt wie eine tuckernde Nähmaschine.
Das Tuckern ist ein Wohlfühl-Geräusch.
„Ja, mach weiter“, heißt das, wenn du das Schweinchen gerade streichelst.

„Jetzt langt's.“

Das meint ein Kaninchen oder Meerschweinchen, wenn es deine Streichelhand energisch wegstupst.
Irgendwann möchte jedes Tier wieder seinen eigenen Geschäften nachgehen.

Texte: Monika Lange
Bilder: Nikolaus Heidelbach

Mein Kater

Seine Wange an meiner
sein Schnurrbart kitzelt
im Gesicht
da ist wer
für den ich nicht
anders sein muss
als ich bin
damit er mich mag

Edith Schreiber-Wicke

Die Katze

Die Katze trippelt auf
dem Dachfirst.
Stehen bleibt sie kurz
und schaut über
die moosigen Dächer.
Ihre Gedanken zucken
im Schwanz,
im gestreiften.

Erwin Moser

Zauberkatze

Meine Katze ist verzaubert,
das weiß ich genau.
In Wirklichkeit ist sie eine Zauberfrau.
Wenn sie wollte,
könnte sie durch den Schornstein gleiten
und als Hexe auf einem
Besen reiten!
Wenn sie wollte,
könnte sie sich zum Löwen machen!
Und sie könnte noch ganz andere Sachen,
wenn sie wollte!
Doch das fällt ihr gar nicht ein.
Warum?
Sie will meine Katze sein!

Martin Auer

Textwerkstatt
Seite 182

Hören – mit Ohren, Haut und Haaren

Da schläft eine Katze tief. Sie wird plötzlich wach, weil eine Maus über die Steinplatten trippelt, zehn Meter entfernt. Wenn sie wach ist, hört sie das Mäuschen sogar, wenn es noch weiter weg ist. Ein Mäuschen knispert und wispert ständig vor sich hin. Wir hören es nicht, aber die Katze hört es. Die Katze hört Töne, die wir gar nicht wahrnehmen können. Wenn es für uns still ist, ist für die Katze die Luft immer noch voll von Geräuschen. Die Katze „hört“ dazu auch mit den Pfoten. Sie hat in ihren Ballen ganz empfindliche Punkte, die ihr sogar das Trippeln der Maus melden. Eine Katze hört ein Gewitter und wird unruhig, wenn wir noch lange nichts hören. Dabei helfen auch die langen Schnurr- oder Barthaare, die jede Luftbewegung und jede Schwingung melden. Die Ohren sind immer in Bewegung. Sie sind wie eine Radarantenne verstellbar. Die Katze kann jedes Ohr einzeln auf wichtige Geräusche ausrichten.

nach Ulrich Klever

Anna und die Katze

„Die Katze schläft schon“, sagt die Mutter.
„Ihre Ohren sind aber noch ganz schön wach“, sagt Anna.

Georg Bydlinski

Textwerkstatt
Seite 171

Alissas Geheimnis

Die Katze sitzt immer am Fenster. Immer wenn Alissa vorbeikommt. Das passiert ungefähr drei- oder viermal in der Woche. Immer dann, wenn Alissa für Mama einen Einkauf macht.

Seitdem sie dort in der Nähe das kleine Fachwerkhaus mit der Katze entdeckt hat, geht sie gerne einkaufen. Mama wundert sich schon, doch Alissa hat nichts verraten!

Sie wünscht sich schon lange ein Haustier. Eine Katze oder einen Hund. Aber auch davon weiß Mama nichts.

Mama hat andere Wünsche und Sorgen. Es gibt nämlich nur noch Mama und Alissa. Papa wohnt bei einer anderen Frau und anderen Kindern. Was Mama als Altenpflegerin verdient, reicht gerade für das Nötigste, erklärt sie immer. Ein Haustier fällt unter Extrawünsche. Und Extrawünsche behält Alissa inzwischen für sich. Um Mama zu schonen.

Alissa hat schon oft überlegt, wie die Katze wohl heißen könnte. Heute will sie es der Katze sagen.

Geschickt steigt sie über die Hecke, die das kleine Fachwerkhaus vom Bürgersteig abgrenzt. Die Katze sieht gepflegt und gut genährt aus. Ganz schön rund ist sie sogar! Darum soll sie auch Molli heißen, hat Alissa beschlossen.

Textwerkstatt
Seite 171

Nun steht sie vor dem Fenster und tippt mit dem Zeigefinger leicht gegen die Scheibe. „Molli“, flüstert sie. „Ab heute heißt du Molli. Einverstanden?“ Die Katze spitzt die Ohren nach vorn und hebt ihren Kopf. Sie reißt die Augen weit auf und schaut Alissa an.

Heute leuchten die Katzenaugen eindeutig blau. An anderen Tagen sind sie graublau oder traurig-grau. Heute ist die Katze blauäugig, weil sie sich freut, denkt Alissa.

„Du magst mich“, flüstert sie. „Und du magst deinen neuen Namen. Stimmt’s? Ich bin deine Freundin Alissa und du bist meine Freundin Molli. Alles klar?“ Die Katze reibt ihren Kopf an der Scheibe und blinzelt.

Alissa krault sie hinter den Ohren, streicht mit den Fingern über das rotbraune Katzenfell und an den hellen Streifen über den Rücken entlang. Molli liegt ganz still, nur ihr Schwanz bewegt sich ein wenig.

Alissa lächelt zärtlich. Ihre Finger kehren zu den Ohren zurück.

„Weißt du eigentlich, wie deine Ohren aussehen?“, flüstert sie. „Hast du sie schon einmal im Spiegel gesehen, Molli? Nein?

Ich beschreibe sie dir. Hör zu: Außen sind sie rotbraun, innen sind sie rosafarben und mit vielen feinen, weißen Haaren bewachsen.

Ganz süße Öhrchen hast du. Und alles andere an dir ist auch ganz süß und puschelig!“

Die Katze sieht nun sehr glücklich aus. Sie blinzelt noch einmal, legt ihren Kopf auf die Vorderpfoten und schließt langsam ihre blauen Augen. „Besuchszeit zu Ende“ soll das heißen. Alissa weiß Bescheid!

„Schlaf schön, meine Süße“, flüstert sie.

„Übermorgen besuche ich dich wieder.“

Ein letztes Mal streicht Alissa mit den Fingern über die Scheibe, dann geht sie.

Die Katze bleibt, wo sie ist. Am Fenster in einer fremden Wohnung. Sie schlummert und wartet auf übermorgen.

Sie wartet immer auf Alissa.

Keiner weiß das. Nur Alissa!

Anne Steinwart

Franz und die Berta

Solange er denken kann, hat der Franz Angst vor Hunden gehabt. Nicht nur vor großen mit spitzen Zähnen, auch vor kleinen mit Wedelschwänzen. Bis die Tante von seinem besten Freund, dem Eberhard Most, mit Blinddarmentzündung ins Krankenhaus muss und ihren Hund, ein braunes Riesenvieh mit Namen Berta, zum Eberhard in Pflege gibt ...

Einmal, als der Franz mit der Berta im Park war, setzte er sich auf eine Bank, um sein Schuhband zu knoten. Die Berta legte sich sofort unter die Bank. Die Sonne knallte nämlich gerade heiß vom Himmel und die Berta mochte heiße Sonne nicht. Sie war immer auf ein schattiges Plätzchen aus. Wie der Franz am ausgefransten Schuhband herumknotete, kamen drei große Kerle auf ihn zu. Drei eklige Kerle aus der vierten Klasse. Stänkerer von der Sorte, die Spaß daran hat, auf Kleine und Schwache loszugehen. Die drei Kotzbrocken blieben dicht vor dem Franz stehen und schauten grinsend auf ihn runter. Der Franz ließ das Schuhband los.

„Wir wollen uns ein Eis kaufen“, sagte der eine.
„Haben aber kein Geld“, sagte der zweite.
„Rück deine Moneten raus“, sagte der dritte.
Der Franz piepste: „Ich hab kein Geld, wirklich nicht.“ Hilfe suchend schaute er sich nach dem Eberhard um. Er sah ihn auch.
Der Eberhard stand beim Spielplatz. Mit dem Rücken zum Franz. Sicher hätte er es gehört, wenn ihn der Franz laut gerufen hätte. Aber laut rufen kann ja ein aufgeregter Franz nicht!

Textwerkstatt
Seite 178

So versuchte er es gar nicht. Außerdem wäre der Eberhard gegen drei so starke Kerle auch nicht angekommen. „Na, wird's bald?", brüllte der eine, griff nach den Ohren vom Franz und quetschte sie zwischen Daumen und Zeigefingern zusammen.
„Ich hab kein Geld", piepste der Franz. Tränen kullerten über seine Wangen. „Loslassen, bitte", schluchzte er.
„Wenn du deine Moneten abgeliefert hast", rief der zweite.
Der dritte trat dem Franz gegen das Schienbein.

Da kam der riesige Schädel der Berta unter der Bank vor. Neugierig schaute sie auf die drei Kerle, dann riss sie das Maul auf und gähnte.

Im Nu ließ der eine die Ohren vom Franz los und flitzte davon. Die zwei anderen ihm nach! Sie rasten den Weg runter, als wäre der Teufel hinter ihnen her. Doch die Berta dachte nicht daran, sie zu verfolgen. Die hatte den Schädel schon wieder unter der Bank, im Schatten, auf den Vorderpfoten.

Der Franz war total hingerissen! Ohne Bellen, ohne Beißen, ohne Zähnefletschen hatte die Berta die Kotzbrocken verjagt! Bloß mit Kopfheben und Gähnen!
Der Franz dachte: Mit der Berta zusammen würde ich mich sogar in unseren Keller wagen!

Christine Nöstlinger • Erhard Dietl

Garfield

© Bulls Press, Frankfurt

Eine Liebe fürs Leben

Wir hatten unseren Hund Berni schon dreieinhalb Jahre, als wir beschlossen, uns noch eine Katze zu halten.
Das Katzenbaby haben wir immer vor Berni beschützt. Wenn wir weggingen, kam das Katzenbaby ins Kinderzimmer und Berni ins Wohnzimmer, damit nichts passierte, wenn wir nicht zu Hause waren. Eines Tages muss eine von uns vergessen haben, die Kinderzimmertüre zu schließen, denn als wir wieder zurückkamen, war das Katzenbaby nicht im Kinderzimmer.
Wir haben es überall gesucht, bis meine Mutter anfing zu lachen. Das Katzenbaby lag angekuschelt an unseren Berni mit in seinem Körbchen. Von diesem Tag an war das Katzenbaby nur noch da, wo Berni war, und umgekehrt genauso.

Sarah

Katzen kann man alles sagen

Auf der Treppe saß ein Mädchen,
ein graues Kätzchen
auf dem Schoß.
„Drei mal drei ist
zwölfundzwanzig",
flüsterte es ihm ins Ohr.

„Aber ja nicht weitersagen!"
Ernst sah es das Kätzchen an.
Keine Sorge!, dacht ich, als ich's
im Vorübergehn vernahm.

Katzen kann man alles sagen.
Was man auch zu ihnen spricht,
sie verraten kein Geheimnis.
Katzen machen so was nicht!

Josef Guggenmos

Fragen und Antworten

„Was wollt ihr lieber",
frage ich die Kinder,
„ein lebendiges Tier
oder eine Puppe?"
„Ein Tier, ein Tier",
schreien alle
durcheinander.
Nur Timo nicht.
„Du nicht, Timo?",
frage ich.
Timo schüttelt den Kopf.
„Du willst lieber
eine Puppe?", frage ich.
„Aber warum denn das?"
„Puppen können
nicht sterben",
antwortet Timo.

Cordula Tollmien

Die Entscheidung

Am Sonntag gehen die Eltern mit Daniel zum Schaufenster des Zoogeschäftes.
„Da ist es“, sagt Daniel. Es klingt stolz.
Das Meerschweinchen zuckt mit der Nase.
„Am liebsten würde es weinen“, sagt Daniel.
„Weil es so einsam ist. Und immer eingesperrt.
Innen drin weint es auch.“
„So?“, sagt der Vater. „Und du meinst, wenn es bei uns wäre, ginge es ihm besser?“
„Klar“, sagt Daniel. „Weil es ja dann mich hätte!“
„Und du willst es füttern?“, fragt die Mutter.
„Und seinen Käfig sauber halten und so?“
„Ganz großes Ehrenwort“, verspricht er.
„Hast du denn mal gefragt, was es kostet?“
Oje – daran hat Daniel überhaupt nicht gedacht!
„Fünfzehn Euro wird es sicher kosten“, meint die Mutter.
Daniel hat nur fünf Euro.
„Reg dich nicht auf“, sagt er zu dem Meerschweinchen. „Ich verkaufe meine Eisenbahn und die Stofftiere und meine Mütze und die Schulbücher auch.“

„Na, lass mal“, sagt der Vater.
„Ich tu was dazu.“
„Echt?“, fragt Daniel.
„Meerschweinchen!“, ruft er.
„Hast du gehört? –
Wir kriegen uns!“

Zu Hause

Die Mutter hat den Käfig eingerichtet. Streu hat sie hineingetan, einen gefüllten Futternapf, die Trinkflasche mit Wasser, und das Schlafhäuschen hat sie mit Stroh gefüllt. Daniel lässt das Meerschweinchen aus dem kleinen Pappkarton in den Käfig laufen. Husch – verschwindet es im Schlafhaus. „Es hat noch Angst in seiner neuen Umgebung“, sagt die Mutter. Das versteht Daniel. Er setzt sich auf den Boden und wartet. Lange wartet er. Es geschieht nichts. „Komm doch“, sagt Daniel, „bitte!“ Aber auch mittags hat sich das Meerschweinchen immer noch nicht gezeigt. Daniel lässt sein Essen kalt werden. Ganz leise erzählt er dem Meerschweinchen Geschichten. Am Nachmittag muss Daniel ein bisschen weinen. Er hat sich das alles so anders vorgestellt. Erst als es dämmrig wird, kommt das Meerschweinchen heraus. „Da bist du ja!“, sagt Daniel. „Ich hab schon gedacht, du magst mich nicht.“

Gina Ruck-Pauquèt

Märchenhafte Welten

Es war einmal

**Welche Märchen kennst du?
Welche Namen, Sprüche
und Zeichnungen
der Märchen gehören
zusammen?**

①

ⓐ „Was rumpelt und pumpelt
in meinem Bauch herum?
Ich meinte, es wären
sechs Geißlein,
so sind es lauter
Wackersteine."

②

ⓑ Und als es in den Hof
kam, saß der Hahn
auf dem Brunnen
und rief:
„Kikeriki, unsere goldene
Jungfrau ist wieder hie."

ⓒ „Knusper, knusper, kneischen,
wer knuspert an
meinem Häuschen?" –
„Der Wind, der Wind,
das himmlische Kind."

Textwerkstatt
Seite 175, 183

Hänsel und Gretel

Frau Holle

Der Wolf und die sieben Geißlein

Rotkäppchen

Rapunzel

③

ⓓ „Ei, Großmutter, was hast du für große Ohren?“
„Dass ich dich besser hören kann.“
„Ei, Großmutter, was hast du für große Augen?“
„Dass ich dich besser ...“

④

ⓔ Als Rapunzel zwölf Jahre alt war, schloss es die Zauberin in einen Turm, der weder Tür noch Fenster hatte. Nur ganz oben war ein kleines Fensterchen. Wenn die Zauberin hineinwollte, so stellte sie sich unten hin und rief:
„Rapunzel, Rapunzel,
lass mir dein Haar herunter.“

⑤

Bilder: Otto Ubbelohde

Die Sterntaler

Es war einmal ein kleines Mädchen, dem war Vater und Mutter gestorben, und es war so arm, dass es kein Kämmerchen mehr hatte, darin zu wohnen, und kein Bettchen mehr, darin zu schlafen, und endlich gar nichts mehr als die Kleider auf dem Leib und ein Stückchen Brot in der Hand, das ihm ein mitleidiges Herz geschenkt hatte. Es war aber gut und fromm. Und weil es so von aller Welt verlassen war, ging es im Vertrauen auf den lieben Gott hinaus ins Feld. Da begegnete ihm ein armer Mann, der sprach: „Ach, gib mir etwas zu essen, ich bin so hungrig." Es reichte ihm das ganze Stückchen Brot und sagte: „Gott segne dir's", und ging weiter. Da kam ein Kind, das jammerte und sprach: „Es friert mich so an meinem Kopf, schenk mir etwas, womit ich ihn bedecken kann." Da tat es seine Mütze ab und gab sie ihm.

Und als es noch eine Weile gegangen war, kam wieder ein Kind und hatte kein Leibchen an und fror. Da gab es ihm seins. Und noch weiter, da bat eins um ein Röcklein, das gab es auch von sich hin. Endlich gelangte es in einen Wald und es war schon dunkel geworden. Da kam noch eins und bat um ein Hemdlein, und das fromme Mädchen dachte: Es ist dunkle Nacht, da sieht dich niemand, du kannst wohl dein Hemd weggeben. Und es zog das Hemd ab und gab es auch noch hin. Und wie es so stand und gar nichts mehr hatte, fielen auf einmal die Sterne vom Himmel und wurden lauter harte, blanke Taler. Und ob es gleich sein Hemd weggegeben, so hatte es ein neues an, und das war vom allerfeinsten Linnen. Da sammelte es sich Taler hinein und war reich für sein Lebtag.

Brüder Grimm

Rotkäppchen – ein Rollenspiel

Erzähler: Es war einmal ein kleines Mädchen, das hatte jedermann lieb, der es nur ansah, am allerliebsten aber seine Großmutter. Eines Tages schickte die Mutter Rotkäppchen zu seiner Großmutter in den Wald.

Mutter: Komm, Rotkäppchen, da hast du ein Stück Kuchen und eine Flasche Wein, bring das der Großmutter hinaus. Sie ist krank und schwach und wird sich daran laben. Mach dich auf, bevor es heiß wird. Und wenn du hinauskommst, so geh hübsch sittsam und lauf nicht vom Weg ab, sonst fällst du und zerbrichst das Glas, und die Großmutter hat nichts. Und wenn du in ihre Stube kommst, so vergiss nicht, guten Morgen zu sagen.

Rotkäppchen: Ich will schon alles gut machen.

Erzähler: Die Großmutter aber wohnte draußen im Wald, eine halbe Stunde vom Dorf. Wie nun Rotkäppchen in den Wald kam, begegnete ihm der Wolf. Rotkäppchen aber wusste nicht, was das für ein böses Tier war, und fürchtete sich nicht vor ihm.

Wolf: Guten Tag, Rotkäppchen.

Rotkäppchen: Schönen Dank, Wolf.

Wolf: Wo hinaus so früh, Rotkäppchen?

Textwerkstatt
Seite 181

Rotkäppchen: Zur Großmutter.

Wolf: Was trägst du unter der Schürze?

Rotkäppchen: Kuchen und Wein. Gestern haben wir gebacken, da soll sich die kranke und schwache Großmutter etwas damit stärken.

Wolf: Rotkäppchen, wo wohnt deine Großmutter?

Rotkäppchen: Noch eine gute Viertelstunde weiter im Wald, unter den drei großen Eichbäumen, da steht ihr Haus. Unten sind die Nusshecken, das wirst du ja wissen.

Wolf (denkt bei sich): Das junge, zarte Ding, das ist ein fetter Bissen, der wird noch besser schmecken als die Alte.

Erzähler: Der Wolf dachte, er muss es listig anfangen, damit er beide erschnappt. Da ging er ein Weilchen neben Rotkäppchen her.

Wolf: Rotkäppchen, sieh einmal die schönen Blumen, die ringsumher stehen, warum guckst du dich nicht um? Hörst du denn gar nicht, wie die Vöglein so lieblich singen?

Rotkäppchen (überlegt): Recht hat er. Wenn ich der Großmutter einen frischen Strauß mitbringe, der wird ihr Freude machen. Es ist so früh am Tage, dass ich noch zur rechten Zeit ankomme.

Erzähler: So lief Rotkäppchen vom Weg ab, in den Wald hinein und suchte Blumen. Der Wolf aber ging geradewegs zum dem Haus der Großmutter und klopfte an die Türe.

nach den Brüdern Grimm

Und wie es weitergeht, das könnt ihr selber spielen oder nachlesen oder euch erzählen lassen.

Der goldene Schlüssel

Zur Winterszeit, als einmal tiefer Schnee lag, musste ein armer Junge hinausgehen und Holz auf einem Schlitten holen. Wie er es nun zusammengesucht und aufgeladen hatte, wollte er, weil er so erfroren war, noch nicht nach Haus gehen, sondern sich erst Feuer anmachen und ein bisschen wärmen. Da scharrte er den Schnee weg, und wie er so den Erdboden aufräumte, fand er einen goldenen Schlüssel. Nun glaubte er, wo der Schlüssel wäre, müsste auch das Schloss dazu sein, grub weiter und fand ein eisernes Kästchen. Ei, dachte er, wenn der Schlüssel nur passt; denn es waren gewiss wunderbare und köstliche Sachen darin. Er suchte, aber es war kein Schlüsselloch da. Endlich fand er doch noch ein ganz kleines und probierte und der Schlüssel passte gerad. Da drehte er ihn einmal herum. Und nun müssen wir warten, bis er vollends aufgeschlossen hat, dann werden wir sehen, was darin liegt.

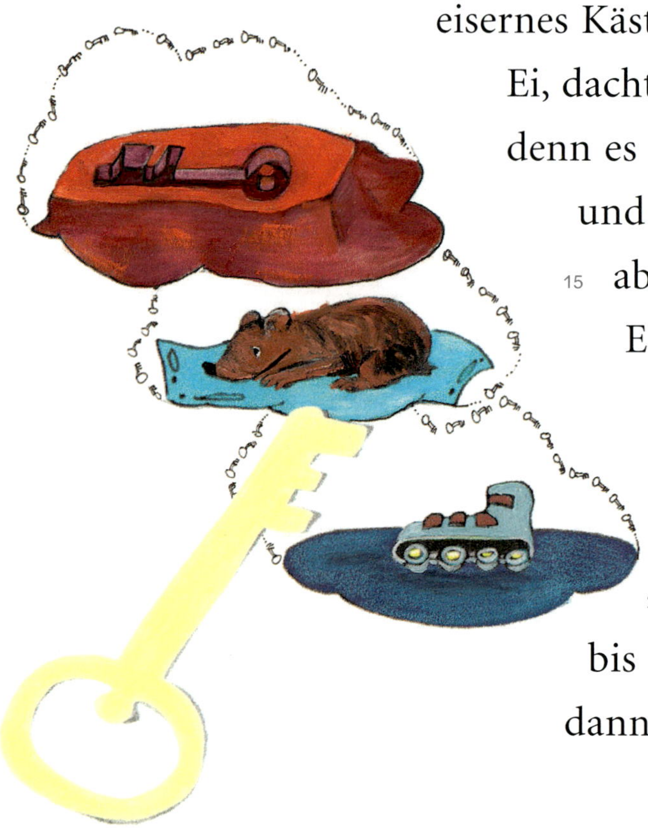

Brüder Grimm

Textwerkstatt
Seite 179

Lob des Ungehorsams

Sie waren sieben Geißlein
und durften überall reinschaun,
nur nicht in den Uhrenkasten,
das könnte die Uhr verderben,
hatte die Mutter gesagt.

Es waren sechs artige Geißlein,
die wollten überall reinschaun,
nur nicht in den Uhrenkasten,
das könnte die Uhr verderben,
hatte die Mutter gesagt.

Es war ein unfolgsames Geißlein,
das wollte überall reinschaun,
auch in den Uhrenkasten,
da hat es die Uhr verdorben,
wie es die Mutter gesagt.

Dann kam der böse Wolf.

Es waren sechs artige Geißlein,
die versteckten sich, als der Wolf kam,
unterm Tisch, unterm Bett, unterm Sessel
und keines im Uhrenkasten,
sie alle fraß der Wolf.

Es war ein unartiges Geißlein,
das sprang in den Uhrenkasten,
es wusste, dass er hohl war,
dort hat's der Wolf nicht gefunden,
so ist es am Leben geblieben.

Da war Mutter Geiß aber froh.

Franz Fühmann

Das Töpfchen

In früheren Zeiten war einmal eine arme Frau mit einer Tochter. Die Mutter spann den ganzen Tag Garn, das Mädchen aber verkaufte es auf dem Basar. So verdienten sie ihren Lebensunterhalt.

Eines Tages kaufte das Mädchen für dieses Geld statt Brot einen kleinen Topf, der zum Kauf angeboten wurde.

An dem Topf hatte sie großen Gefallen.

Als sie nach Hause kam, war kein Brot zum Essen da. Die Mutter warf den Topf auf die Straße. Sie gingen hungrig schlafen.

Eine Hebamme kehrte von einer Wöchnerin zurück und sah auf der Straße den Topf liegen. Sie nahm ihn, ging nach Hause, wusch und reinigte ihn, setzte den Topf auf den Herd und kochte Essen.

Gerade als sie den Deckel hebt und sich ans Essen setzen will, wird an die Tür geklopft, und jemand ruft die Hebamme schnell zu einer Geburt. Die Hebamme sagt: „Ich esse, wenn ich zurückkomme“, lässt das Essen stehen und geht.

Der Topf steht – holterdiepolter – auf und geht schnurstracks zum Haus des Mädchens. Er klopft an die Tür, das Mädchen läuft zur Tür und fragt: „Wer ist da?“

Der Topf antwortet: „Das Töpfchen.“

Das Mädchen fragt: „Was ist darin?“

Er sagt: „Eine kleine Weinblattroulade.“

Das Mädchen holt die Weinblattroulade heraus und wirft den Topf auf die Straße. Die Mutter und die Tochter setzen sich hin und lassen sich das Essen gut schmecken.

Die Frau des Sultans sieht auf der Straße den Topf. „Nimm diesen Topf!“, sagt sie zu ihrer Zofe. Sie gehen ins Bad. Im Bad legt die Sultanin ihre Diamanten und Perlen hinein. Sie gibt ihrer Zofe den Topf und steigt ins Bad. Als die Zofe den Topf im Arm hält, wird sie vom Schlaf übermannt. Der Topf geht schnurstracks zum Haus des Mädchens und klopft an die Tür. Das Mädchen fragt: „Wer ist da?“ Der Topf antwortet: „Das Töpfchen.“ Das Mädchen sagt: „Was ist darin?“ Er sagt: „Etwas Schönes.“ Das Mädchen nimmt die Diamanten und das Gold, schmückt sich und wirft den Topf wieder auf die Straße. Am nächsten Tag geht der Prinz ins Bad. Er sieht den Topf auf der Straße und sagt zu seinem Diener: „Nimm diesen Topf, was ist das für ein schöner Topf!“ Sie gehen in das Bad, der Prinz badet sich dort, reinigt sich und lässt sich rasieren. Der Topf nimmt den Prinzen – hopp – in sich auf und bringt ihn schnurstracks zum Haus des Mädchens. Als er an die Tür klopft, fragt das Mädchen: „Wer ist da?“ Er antwortet: „Das Töpfchen.“ Sie fragt: „Was ist darin?“ Er antwortet: „Ein kleiner Bräutigam.“ Als das Mädchen den Deckel des Topfes aufhebt, steigt ein Prinz heraus, schön wie der Vollmond. Sie ist ein Mädchen, auch so schön wie der Vollmond. Der Prinz fragt: „Mädchen, heiratest du mich?“ Sie sagt ja. Sie machen vierzig Tage und vierzig Nächte lang Hochzeit, und das Mädchen wirft den Topf nicht mehr auf die Straße.

aus der Türkei

Winter

Weihnachten im Stall

An einem Abend vor langer Zeit, da kamen ein Mann und eine Frau in der Dunkelheit ihres Weges daher. Sie waren weit gewandert und waren müde.

Jetzt wollten sie schlafen, wussten aber nicht, wo. Überall auf den Höfen waren die Lichter erloschen. Die Menschen dort schliefen schon.

Keiner kümmerte sich um die Wanderer, die noch unterwegs waren. Dunkel und kalt war es an diesem Abend. Kein Stern leuchtete am Himmel.

Textwerkstatt
Seite 183

Da fanden sie einen Stall. Der Mann öffnete die Tür und leuchtete mit seiner Laterne hinein. Vielleicht gab es dort drinnen Tiere?

Denn wo Tiere schlafen, da ist es warm, und die Wanderer froren und waren müde.
Ja, im Stall waren Tiere. Sie schliefen schon, doch als sie die Tür knarren hörten, erwachten sie und sahen die Wanderer eintreten. Und sie sahen die Frau dort stehen im Lichtschein der Laterne.
Aber warum die Frau zu so später Stunde in ihren Stall gekommen war, das wussten die Tiere nicht. Vielleicht spürten sie trotzdem, dass die Frau fror und dass sie müde und hungrig war. Vielleicht spürte es das Pferd, als die Frau ihre kalten Finger unter seine Mähne schob, um sie zu wärmen.

Vielleicht spürte es die Kuh, als die Frau sie melkte und ihre gute, warme Milch trank.
Vielleicht spürten es auch die Schafe. Denn als die Frau sich zum Schlafen auf das Stroh niederlegte, scharten sie sich um sie und wärmten sie. Dann senkte sich die Nacht still über den Stall und über alle, die darin waren …

Text: Astrid Lindgren
Bilder: Lars Klinting

Die Geschichte vom beschenkten Nikolaus

Einmal kam der Nikolaus am 6. Dezember zum kleinen Klaus. Er fragte ihn: „Bist du im letzten Jahr auch brav gewesen?“ Klaus antwortete: „Ja, fast immer.“ Der Nikolaus fragte: „Kannst du mir auch ein schönes Gedicht aufsagen?“ „Ja“, sagte Klaus. „Lieber, guter Nikolaus, du bist jetzt bei mir zu Haus, bitte leer die Taschen aus, dann lass ich dich wieder raus.“ Der Nikolaus sagte: „Das hast du schön gemacht.“ Er schenkte dem Klaus Äpfel, Nüsse, Mandarinen und Plätzchen. „Danke“, sagte Klaus. „Auf Wiedersehen“, sagte der Nikolaus. Er drehte sich um und wollte gehen. „Halt“, rief Klaus. Der Nikolaus schaute sich erstaunt um. „Was ist?“, fragte er. Da sagte Klaus: „Und was ist mit dir? Warst du im letzten Jahr auch brav?“ „So ziemlich“, antwortete der Nikolaus. Da fragte Klaus: „Kannst du mir auch ein schönes Gedicht aufsagen?“ „Ja“, sagte der Nikolaus. „Liebes, gutes, braves Kind, draußen geht ein kalter Wind, koch mir einen Tee geschwind, dass ich gut nach Hause find.“ „Wird gemacht“, sagte Klaus. Er kochte dem Nikolaus einen heißen Tee. Der Nikolaus schlürfte ihn und aß dazu Plätzchen. Da wurde ihm schön warm. Als er fertig war, stand er auf und ging zur Tür. „Danke für den Tee“, sagte er freundlich. „Bitte, gerne geschehen“, sagte Klaus. „Und komm auch nächstes Jahr vorbei, dann beschenken wir uns wieder.“ „Natürlich, kleiner Nikolaus“, sagte der große Nikolaus. Er ging hinaus in die kalte Nacht.

Alfons Schweiggert

Textwerkstatt
Seite 181

Weihnachtszeit in den Niederlanden

Für die niederländischen Kinder ist das Sinterklaas-Fest am 6. Dezember der Höhepunkt der Weihnachtszeit. Sinterklaas ist der niederländische Nikolaus. In der Hauptstadt Amsterdam wird er schon im November, auf seinem Schimmel reitend, von Tausenden von Kindern und Erwachsenen empfangen. Ab dem 2. November stellen die Kinder abends Wasser, Brot und Karotten zur Stärkung für den Schimmel bereit, denn das Pferd muss weite Strecken über die Dächer zurücklegen. Am nächsten Morgen finden sie als Dank ein Stückchen Schokolade oder eine Pfeffernuss in ihren Schuhen. Am 5. Dezember legt man einen großen Sack vor die Haustür, der am „Abend der Pakete“ mit Geschenken für die ganze Familie gefüllt ist. Beliebt sind Briefchen mit lustigen Reimen, die das Geschenk begleiten. Das eigentliche Weihnachtsfest ist still und beschaulich. Es gibt ein besonderes Essen, aber keine Geschenke mehr für die Kinder.

Olivia König und Heike Gödecke-Brose

Nikolausverse

Sinterklaas, Sinterklaas,
Setz die Segel und bring mir was,
Deinen Weg verfehlst du nicht,
Auf der Brücke brennt ein Licht.

Kinder der Rheinschiffer

Nikolaus,
komm in unser Haus,
schütt dein goldig Säcklein aus.
Stell den Esel an den Mist,
dass er Heu und Hafer frisst.

aus Hessen

Textwerkstatt
Seite 172, 182

Anna wünscht sich einen Hund

Es ist wieder
Weihnachtszeit
und Anna ist
ganz sicher:
Sie wird einen Hund
bekommen.
Dieses Jahr ganz
sicher.
Ganz, ganz
bestimmt.

Auf ihrem Wunschzettel steht,
dass sie sich einen Hund
wünscht.
Gar nichts anderes.
Nur einen Hund.
Mama und Papa wissen das
jetzt und werden ihr einen
schenken.
Anna ist ganz sicher.

Heute ist Heiligabend.
Papa schmückt den Baum.
Anna muss
in ihrem Zimmer bleiben.
Sie lauscht im Flur,
aber sie hört
keinen Hund bellen.
Vielleicht kommt später Opa
und bringt den Hund mit
als Überraschung für Anna.
Anna wird
ganz überrascht sein.
Niemand soll wissen,
dass sie schon lange weiß,
dass sie einen Hund
bekommt.
Anna wird sich
den ganzen Abend freuen.
Und morgen und übermorgen
freut sie sich auch.
Sie wird gar nicht mehr
aufhören sich zu freuen.
Anna überlegt,
was für einen Hund
sie bekommt.
Es wird ein kleiner Hund sein,
denn die Wohnung ist klein,
und der Garten ist auch klein,
sagt Mama.

Aber dann
freut Anna sich nur noch.
Und damit die Zeit vergeht,
setzt sie sich an den Tisch
und malt ein Bild.

Auf dem Bild sind
ein Weihnachtsbaum,
ein Hund und Mama und
Papa und Anna.

Alle lachen so sehr,
dass man ihre Zähne sieht.
Auch der Hund zeigt die
Zähne.
Das sieht so aus,
als wollte er beißen.
Aber er ist ein lieber Hund
und lacht nur.

Jetzt hört Anna,
wie die Tür aufgeht.
Papa klingelt mit einem
Glöckchen. Das heißt,
dass Anna jetzt
kommen kann.
Annas Herz klopft.

Mama und Papa lachen,
als sie ins Zimmer kommt.
Und vor dem Christbaum …
steht ein neues Fahrrad.
Anna kann es nicht glauben.

Aber das Fahrrad ist schön
und es ist Weihnachten.
Weihnachten ohne Hund.
Und bald hat Anna
Geburtstag.
Dann wird sie bestimmt
ihren Hund bekommen!

Bettina Obrecht • Katrin Engelking

Wenn Weihnachten ist

Wenn Weihnachten ist,
was schenkst du mir dann?
Einen Weihnachtsbaum, einen Hampelmann,
ein wildes Pferd, das ich reiten kann,
und einen großen Wagen?

Wenn Weihnachten ist,
dann schenke ich dir
ein Weißnichtwas aus Goldpapier!
Du sollst nicht so viel fragen.

Ursula Wölfel

Zieh dein Mützlein auf die Ohren

Zieh dein Mützlein auf die Ohren,
nachts hats Engelhauch gefroren,
und der Wind mit seiner Scher
schneidet Sterne, immer mehr.
Sterne dort und Sterne hier,
komm, wir kaufen Buntpapier,
und wir schneiden Sterne auch,
aber nicht aus Engelhauch,
weil wir ja nur Menschen sind.
Himmelsschnee schneit nur der Wind.

Christine Busta

Textwerkstatt
Seite 182

Sage, wo ist Bethlehem?

Sage, wo ist Bethlehem?
Wo die Krippe?
Wo der Stall?
Musst nur gehen,
musst nur sehen –
Bethlehem ist überall.

Sage, wo ist Bethlehem?
Komm doch mit, ich zeig es dir!
Musst nur gehen,
musst nur sehen –
Bethlehem ist jetzt und hier.

Sage, wo ist Bethlehem?
Liegt es tausend Jahre weit?
Musst nur gehen,
musst nur sehen –
Bethlehem ist jederzeit.

Sage, wo ist Bethlehem?
Wo die Krippe? Wo der Stall?
Musst nur gehen,
musst nur sehen –
Bethlehem ist überall.

Rudolf Otto Wiemer

Textwerkstatt
Seite 182

Verkündigung

Die Schafe
hatten sich aneinander gedrückt,
ganz dicht.
Es war im Winter, weißt du,
Nacht war's und kalt.
Die Hirten saßen ums Feuer,
steif und gebückt.

Da kam ein Engel,
in der schwarzen Nacht stand er hell,
groß war er, schön.
Der hob den Arm: „Fasset Mut!
Seht ihr den Stern
und darunter den Stall?
Dorthin müsst ihr gehn!
Von nun an ist alles gut.“

Josef Guggenmos

Textwerkstatt
Seite 182, 185

Eine Wintergeschichte

Es war einmal ein Mann. Er besaß ein Haus, einen Ochsen, eine Kuh, einen Esel und eine Schafherde. Der Junge, der die Schafe hütete, besaß einen kleinen Hund, einen Rock aus Wolle, einen Hirtenstab und eine Hirtenlampe. Auf der Erde lag Schnee. Es war kalt und der Junge fror. Auch der Rock aus Wolle schützte ihn nicht. „Kann ich mich in deinem Haus wärmen?", bat er den Mann. „Ich kann die Wärme nicht teilen. Das Holz ist teuer", sagte der Mann und ließ den Jungen in der Kälte stehen. Da sah der Junge einen großen Stern am Himmel. „Was ist das für ein Stern?", dachte er. Er nahm seinen Hirtenstab, seine Hirtenlampe und machte sich auf den Weg. „Ohne den Jungen bleibe ich nicht hier", sagte der kleine Hund und folgte seinen Spuren. „Ohne den Hund bleiben wir nicht hier", sagten die Schafe und folgten seinen Spuren. „Ohne die Schafe bleibe ich nicht hier", sagte der Esel und folgte ihren Spuren.

Textwerkstatt
Seite 181

„Ohne den Esel bleibe ich nicht hier", sagte die Kuh und folgte seinen Spuren.
„Ohne die Kuh bleibe ich nicht hier", sagte der Ochse und folgte ihren Spuren.
„Es ist auf einmal so still", dachte der Mann, der hinter seinem Ofen saß. Er rief nach dem Jungen, aber er bekam keine Antwort. Er ging in den Stall, aber der Stall war leer. Er schaute in den Hof hinaus, aber die Schafe waren nicht mehr da.
„Der Junge ist geflohen und hat alle meine Tiere gestohlen", schrie der Mann, als er im Schnee die vielen Spuren entdeckte. Doch kaum hatte der Mann die Verfolgung aufgenommen, fing es an zu schneien. Es schneite dicke Flocken. Sie deckten die Spuren zu. Dann erhob sich der Sturm, kroch dem Mann unter die Kleider und biss ihn in die Haut. Bald wusste er nicht mehr, wohin er sich wenden sollte.
Der Mann versank immer tiefer im Schnee.
„Ich kann nicht mehr!", stöhnte er und rief um Hilfe.

Da legte sich der Sturm. Es hörte auf zu schneien und der Mann sah einen großen Stern am Himmel.
„Was ist das für ein Stern?", dachte er.
Der Stern stand über einem Stall, mitten auf dem Feld. Durch ein kleines Fenster drang das Licht einer Hirtenlampe. Der Mann ging darauf zu. Als er die Tür öffnete, fand er alle, die er gesucht hatte, die Schafe, den Esel, die Kuh, den Ochsen, den kleinen Hund und den Jungen. Sie waren um eine Krippe versammelt. In der Krippe lag ein Kind. Es lächelte ihm entgegen, als ob es ihn erwartet hätte.
„Ich bin gerettet", sagte der Mann und kniete neben dem Jungen vor der Krippe nieder.
Am andern Morgen kehrten der Mann, der Junge, die Schafe, der Esel, die Kuh, der Ochse und auch der kleine Hund wieder nach Hause zurück.
Auf der Erde lag Schnee. Es war kalt.
„Komm ins Haus", sagte der Mann zu dem Jungen, „ich habe Holz genug.
Wir wollen die Wärme teilen."

Max Bolliger

Überraschung

Eine Flocke
und wieder
eine Flocke
und wieder
eine Flocke
und schon wieder
eine Flocke
und schon wieder
eine Flocke
und schon wieder
eine Flocke
und noch eine
und noch eine
und noch eine
und noch eine ...
Oje, oje!
Schnee!

Gottfried Herold

Kleines Gedicht

Es ist nicht schwer,
auf den Winter
zu schimpfen.
Aber zu sehen,
wie leicht die
Schneeflocken tanzen,
ist schön.

Fredrik Vahle

Die Enten laufen Schlittschuh

Die Enten laufen Schlittschuh
auf ihrem kleinen Teich.
Wo haben sie denn die Schlittschuh her –
sie sind doch gar nicht reich?

Wo haben sie denn die Schlittschuh her?
Woher? Vom Schlittschuhschmied!
Der hat sie ihnen geschenkt, weißt du,
für ein Entenschnatterlied.

Christian Morgenstern

Der Fasching bei Lutz

Zum Kinderfasching im Gasthof Schluderer ging Lutz als Sheriff. Zu Hause kam er sich einmalig vor in seinem Wildwestkostüm. Aber beim Schluderer traf er mindestens zweihundert Sheriffs, die genauso aussahen wie er. Das war ihm zu dumm. Als er bei Tobias zum Kinderfasching eingeladen war, verkleidete er sich als Indianer. Doch bei Tobias gab es außer ihm noch elf Indianer. Das gefiel Lutz auch nicht. Für die Faschingsfeier im Turnverein machte er sich als Clown zurecht. Die anderen Kinder fanden ihn lustig. Da bekam Lutz Spaß am Maskieren. Zu Sabines Hausfasching kam er als Kaminkehrer, mit echtem Ruß auf Gesicht und Händen. Und beim Schulfest war er ein Hippie. Was aber sollte Lutz bei seinem eigenen Faschingsfest schließlich sein? Er wurde ein …
„Was bist du denn?“, fragten die Sheriffs und Indianer, fragten Prinzessin, Pippi Langstrumpf, fragten Matrose und Holländerin. „Ich bin ein Sheriff-Clown-Indianer-Hippie-Schornsteinfeger“, sagte Lutz und lachte. Die Kinder verstanden. Bald waren sie Pippi-Mohr und Sheriff-Langstrumpf, Cowboy-Matrose und Vogelscheuchen-Prinzessin, Indianer-Hexe und Königin-der-Nacht-Pirat, und zum Schluss wusste niemand mehr, wem welche Sachen gehörten und als was er gekommen war. Das war aber auch egal. Die Eltern schafften später wieder Ordnung. Erwachsenenordnung. „Was für ein fürchterliches Durcheinander“, sagten sie und seufzten. Die Kinder wussten es besser. „Der Fasching bei Lutz war am schönsten!“

Katrin Arnold

Ein richtig schöner Tag

Morgen macht die ganze Familie einen Ausflug! Mama und Papa haben sich extra freigenommen. Es soll ein schöner Tag im Garten werden.
Am Abend vorher sagt Mama:
„Um 8 gibt's Frühstück.
Um 9 fahr ich schon mal los.
Dann bin ich um 10
in unserem Garten und kann
Obst und Gemüse ernten."

Aber um 8 schläft Papa noch. Mama gibt Jakob das Fläschchen. Er ist noch klein, er braucht alle vier Stunden sein Fläschchen. Um 9 schläft auch Mama wieder.
Sie hat sich noch mal zu Papa gekuschelt. Leonie spielt geduldig mit Jakob.
Um 10 sind endlich alle wach. Mama duscht sich.
Papa rasiert sich.
Leonie kämmt sich die Haare.
Nur Jakob ist schon fertig.
Um 11 sitzt endlich die Familie am Frühstückstisch.
Es gibt frische Brötchen.
Papa sagt: „Wir sind spät dran.“ Und Mama sagt: „Leonie, iss schön auf.“
Um 12 fährt Mama los.

Text: Bruno Blume
Bilder: Jacky Gleich

Die kleine Hex

Morgens früh um sechs
kommt die kleine Hex.
Morgens früh um sieben
schabt sie gelbe Rüben.
Morgens früh um acht
wird der Kaffee gemacht.
Morgens früh um neune
geht sie in die Scheune.
Morgens früh um zehne
holt sie Holz und Späne.
Feuert an um elfe,
kocht sie bis um zwölfe
Fröschebein und Krebs und Fisch.
Hurtig Kinder, kommt zu Tisch!

Volksgut

fünfter sein

tür auf
einer raus
einer rein
vierter sein

tür auf
einer raus
einer rein
dritter sein

tür auf
einer raus
einer rein
zweiter sein

tür auf
einer raus
einer rein
nächster sein

tür auf
einer raus
selber rein
tagherrdoktor

Ernst Jandl

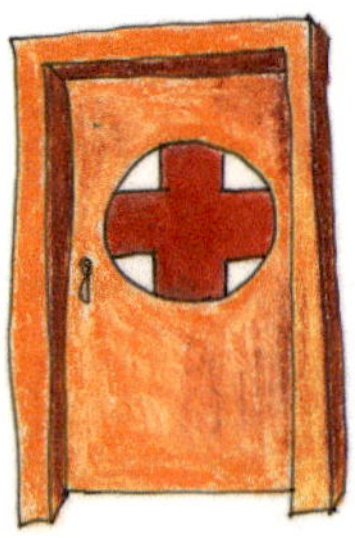

Die Reise der Sonne

Musik: Heinz Lemmermann, Text: Eva Bartoschek-Rechlin,
Text 2. und 3. Strophe: Werner Rizzi

2. Liegst du noch in schönsten Träumen,
geht die Sonne langsam auf.
Über Asien und Australien
nimmt sie immer ihren Lauf.
Länder, die im Osten liegen,
hat sie alle schon gesehn
und kann endlich dann zum Frühstück
hier bei uns am Himmel stehn.

3. Übern Tag, da zieht sie westwärts,
wird dort abends untergehn.
Du gehst in dein Bett zum Schlafen
und du kannst sie nicht mehr sehn.
Doch sie scheint jetzt ganz woanders,
in New York, dann in Schanghai
und kommt, wenn der Kreis
vollendet ist,
bei uns wieder vorbei.

Sehnsucht nach Papa

Rosa legt ihre  auf den  und schiebt ihn von sich. Sie mag überhaupt nichts essen. Rosa sehnt sich nach Papa. Er ist gestern mit dem  verreist. Rosa seufzt. „Darf ich Papa anrufen?“, fragt sie. Mama sieht auf ihre  . „Jetzt geht es nicht. Papa schläft sicher noch.“ „Um  mittags?“, fragt Rosa. „Ist Papa krank?“ „Nein“, sagt Mama, „in Amerika ist es jetzt erst  morgens.“ „Wieso das denn?“, fragt Rosa. „Warte, ich hol den  “, sagt Mama. Sie stellt den  auf den  .

Eine  hat sie auch mitgebracht. „Schau mal, wir wohnen hier“, sagt Mama. Sie zeigt auf Deutschland. „Weiß ich doch“, sagt Rosa. „Stell dir vor, die  ist die  “, sagt Mama. Sie knipst die  an und leuchtet auf Deutschland. „Bei uns ist es jetzt hell. Papa ist mit dem  aber dorthin geflogen.“ Mama zeigt auf Amerika. „Da leuchtet deine  nicht“, sagt Rosa.

Jetzt versteht sie, warum Papa noch im  ist. „Und was ist da unten, wo die  auch nicht hinleuchtet?“, fragt Rosa. „Da leben die  und “, antwortet Mama. „Das ist Australien. Dort ist es jetzt ungefähr  abends.“ „Dann müssen die  und  jetzt aber ins 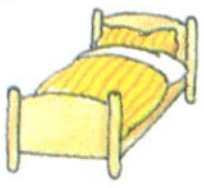“, sagt Rosa. Mama lacht. „Wenn ich den  schnell weiterdrehe“, sagt Rosa, „scheint in Amerika die  und ich darf Papa anrufen.“ Da klingelt das . Schnell läuft Rosa hin.

Sie nimmt den  ab. „Papa!“, ruft sie. „Warum bist du nicht im 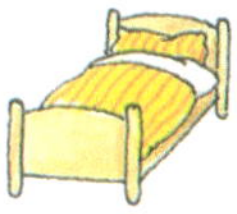?“ Sie redet mit ihm, bis Mama sagt: „Ich will auch mal.“ Als Mama den  auflegt, hält Rosa erschrocken die 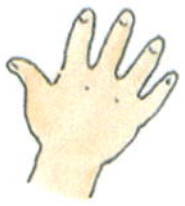 vor den . „Ist Papa jetzt aufgewacht, weil ich den  gedreht habe?“ Mama schüttelt lachend den . „Ich glaube, er hat sich einfach nach uns gesehnt.“

Werner Färber • Angela Weinhold

Morgen in der Stadt

Erst rappelt laut der Wecker,
dann klappen Türen auf,
vom Stadtrand summt die S-Bahn,
der Tag nimmt seinen Lauf.

Schnell trippeln Kinderfüße,
ein Mann steigt auf den Kran,
es schlagen Autotüren,
es quietscht die Straßenbahn.

Ein Duft von warmen Broten,
ein Hundebellen fern.
In einer kleinen Pfütze
versinkt der letzte Stern.

Musik geht durch die Wände
und eine Stimme spricht.
Die Taube auf dem Baume
ruft in das Morgenlicht.

Die Sonne blitzt im Fenster,
der Himmel leuchtet klar,
der Morgen ist so anders,
so neu, wie keiner war.

Was wird er mir wohl bringen?
Noch lässt er es nicht sehn.
Bestimmt wird heute etwas
Besonderes geschehn.

Alfred Könner

Textwerkstatt
Seite 185

Was zwischen Morgen und Abend passiert

Halte einmal für vier Sekunden
die Luft an.
So, jetzt kannst du wieder
atmen.
In dem kurzen Augenblick,
wo du nicht geatmet hast,
ist auf der Welt eine Menge
passiert:
Schönes und Trauriges, Lautes,
Leises, Angst, Arbeit, Spaß.

Zum Beispiel um .

Ein Junge sagt zu seinem
Kaninchen:
„Ich hab dich wahnsinnig lieb."

„Ich will nicht üben!",
schreit Dorothea und haut
auf die Klaviertasten.

Ein Kind sitzt allein zu Hause
und kaut an seinem Bleistift.
Wenn die Mama nicht
wiederkommt, denkt es.
Wenn sie nie wiederkommt,
was mache ich dann.

„Miserabel", sagt der Zahnarzt
zu Timo. „Miserabel!
Noch nie das Wort Zahnbürste
gehört?"

Auf dem Spielplatz Südstadt
steht ein Junge und weint.

„Mensch ärgere dich nicht",
sagt die Großmutter,
die das Spiel verloren hat.
Aber sie ärgert sich doch.

Über dem Tannenwald steht
ein Regenbogen.

Günter Frorath und Rosemarie Harbert

Textwerkstatt
Seite 176

Die Nacht kommt

Gleich geh ich schlafen,
steh nur noch ein bisschen am Fenster.
Nachbars Katze
jagt auf der Straße Gespenster.

Es rauscht
in den Bäumen vor dem Haus,
die Äste klopfen an die Scheiben:
Komm zu uns raus!

Ich darf nicht mehr,
es ist schon viel zu spät.
Schwarz wird die Luft,
kalter Abendwind weht.

Nachbars Katze
will auch schon nach drinnen,
ich zieh die Gardinen zu,
die Nacht kann beginnen.

Monique und Hans Hagen • Marit Törnqvist

Sterne

Ganz weit in der Ferne
stehen am Himmel
die Sterne.
Unendlich viele sind sie,
zählen kann man die nie,
auch wenn sie im Dunkeln
noch so hell funkeln.

Den großen da drüben
hab ich besonders gern.
Der ist mein Lieblingsstern.
Er bringt mir nämlich Glück.
Und winke ich ihm zu,
blinzelt er zurück.

Monique und Hans Hagen • Marit Törnqvist

Das ist die Erde

Das ist die Erde,
kugelrund und dick,
mit Land und Meer,
mit Berg und Tal,
mit Städten, Schnee und
Wäldern.
So wie sie fliegt
durch Nacht und Tag,
ein Stern wie alle andern.

Elisabeth Borchers

Jeder Tag hat eine Farbe

Manche Tage sind gelb
und manche sind blau.
Die Farbe ändert sich –
und ich?

Textwerkstatt
Seite 180

Meine kunterbunten Launen
bringen mich zum Staunen.

Sind die Tage rot wie Glut,
fühle ich mich richtig gut.
Wie ein Pferd werf ich die Hufe,
nehme spielend jede Stufe.

Und an himmelblauen Tagen
kann ich mit den Flügeln schlagen.

Manchmal ist ein Tag ganz braun,
keiner von den bunten.
Ich mag nicht aus den Augen schaun
und fühl mich ganz tief unten.

An rosa Tagen geht's mir prächtig.
Stolzieren und springen gefällt mir mächtig.

Ein Durcheinander-Tag ist wild und bunt.
In mir drin geht's ganz schön rund.
Nach alledem wird endlich klar:
Ich bin und bleibe, wer ich war.
Die Farbe ändert sich,
doch ich bleib ich.

Text: Dr. Seuss
Bilder: Steve Johnson
und Lou Fancher

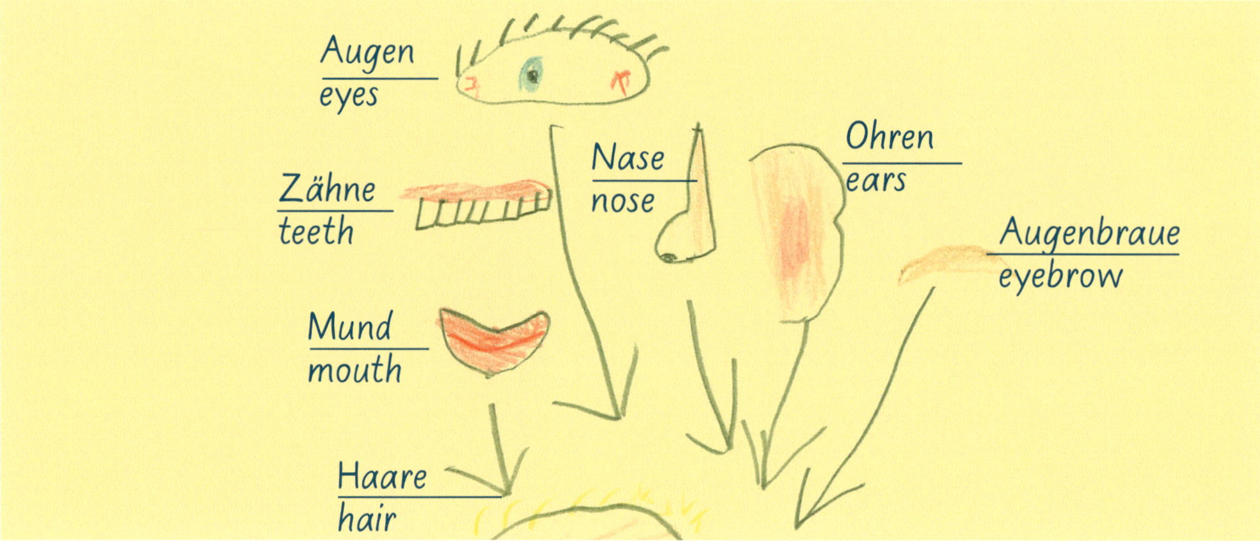

Ich freu mich

Ich freu mich, dass ich Augen hab,
die alles ringsum sehn.
Freu mich, dass ich Füße hab,
wohin ich will zu gehn.
Freu mich über meine Ohren,
dass ich die Vögel hören kann –
und zieht der Kuchenduft ins Zimmer,
wie freut sich meine Nase dann.

Die Hände greifen, was ich will,
die Finger halten selten still –
und meine Haare kitzeln mich,
und was der Kopf denkt, spreche ich.

Lutz Rathenow

Es zwitschert eine Lerche
im Kamin, wenn du sie hörst.

Joachim Ringelnatz

Sei doch mal still

Sei doch mal still.
Warum soll ich still sein?
Ich will was hören.
Ich kann noch lauter schreien.
Hörst du?

Ich will was anderes hören.
Was willst du denn hören?
Die Fliege am Fenster, die will
ich hören.

Und? Kannst du
sie hören?
Du nicht?
Sei doch mal still.

Warum soll ich still sein?
Ich will was hören.
Was willst du denn hören?
Den Regen hinter
dem Fenster,
den will ich hören.
Und kannst du ihn hören?
Du nicht?
Sei doch mal still.
Du kannst sowieso
nichts hören.
Vielleicht doch.
Was willst du denn hören?
Den Regenbogen,
den will ich hören.
Kann man den hören?
Vielleicht.

Sei doch mal still.
Warum soll ich still sein?
Rate mal.
Ich will hören,
wie dein Herz schlägt.
Kannst du das hören?
Und wie!

Ich auch.

Hanna Johansen • Jacky Gleich

Der Tollpatsch

Tobias ist ein Tollpatsch. Ständig stolpert er oder wirft etwas herunter. Er versteht einfach nicht, warum.

Heute geht die Oma mit Tobi einkaufen. In einem Laden entdecken sie etwas ganz Tolles: eine Flasche mit einem Segelschiff im Bauch.

„Das ist ein Buddelschiff!“, sagt die Verkäuferin. Sie holt es vom Regal herunter und stellt es auf den Ladentisch. Jetzt kann Tobias es genau betrachten: die beiden Masten, die winzigen Segel, das Ruder.

Aber auf einmal, Tobi weiß nicht warum, fällt die Flasche herunter und zerspringt. Dabei bricht das schöne Segelschiff entzwei.

„O nein!“, ruft die Verkäuferin, „was bist du doch für ein Tollpatsch!“ Tobias fängt sofort an zu weinen. Vor Schreck, und weil er weiß, dass man dann weniger ausgeschimpft wird. Die Oma schimpft auch nicht. Wortlos bezahlt sie den Schaden. Erst draußen sagt sie: „So geht das nicht weiter. Komm!“

Textwerkstatt
Seite 172

Sie nimmt Tobias an die Hand und geht mit ihm in ein Geschäft, in dem er noch nie gewesen ist. Der Mann, den die Oma „Optiker“ nennt, setzt ihm ein ulkiges Gestell auf die Nase. Tobias kann nun nur noch mit einem Auge sehen.

Der Optiker fragt ihn: „Was siehst du?“ „Nur einen braunen Fleck“, antwortet Tobias. Der Mann verändert etwas an dem Apparat und fragt wieder: „Was siehst du jetzt?“ Und Tobi antwortet: „Einen braunen Bauch!“ … „Einen braunen Bauch mit Armen, Beinen und Kopf!“ … „Einen Teddybären!!“ Nun kommt das andere Auge an die Reihe. „Klarer Fall“, sagt der Optiker. „Du brauchst eine Brille. Es wundert mich, dass du nicht dauernd etwas umgeworfen hast!“ Tobias und die Oma gucken sich an und lachen.

Katharina Kühl

Da liegt ein Krokodil unter meinem Bett

Da war immer ein Krokodil unter meinem Bett. Wenn es Zeit war, schlafen zu gehen, musste ich sehr vorsichtig sein, ich wusste ja, es war da. Aber jedes Mal, wenn ich runterguckte, hatte es sich versteckt, irgendwie. Da hab ich Mama und Papa gerufen, aber komisch, die haben es nie gesehen. Ich hab mir gedacht, da muss ich eben selbst was tun gegen das Krokodil. Ich bin in die Küche gegangen und hab Krokodilfutter geholt, eine große Tüte voll mit Sachen, die ein Krokodil gerne mag.

Ein Brot mit Erdnussbutter und etwas Obst und das letzte Stück Kuchen hab ich in die Garage gebracht, Kekse hingelegt, quer durch die Diele, und frisches Gemüse auf die Treppenstufen, eine Limonade neben das Bett gestellt und Bonbons ausgestreut.

Dann hab ich aufgepasst, was passiert. Und tatsächlich – da kam es raus und holte sich was zu fressen.

Ich bin vorsichtig hinter ihm hergeschlichen, die Treppe runter, dann durch die Diele, und als es in die Garage kroch, hab ich – rums – die Tür zugeschlagen und abgesperrt.

Dann bin ich raufgelaufen in mein Bett.

Ich bin ja bloß gespannt – jetzt, wo das Krokodil in der Garage ist –, wie Papa morgen früh in sein Auto kommt.

Ich schreib ihm lieber einen Zettel.

Mercer Mayer

Durch-
ein- an-
der

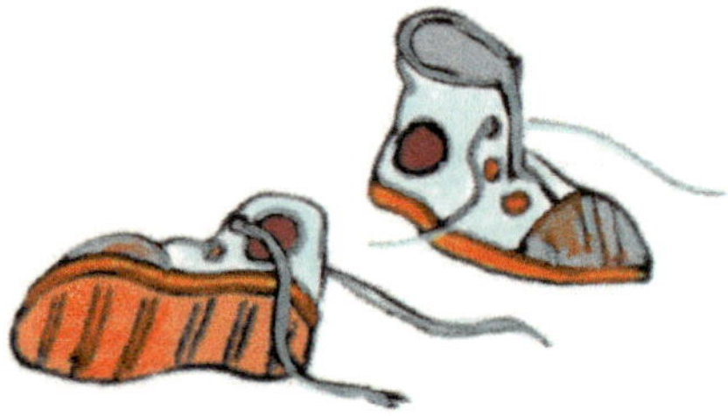

Till läuft aufgeregt
im Kinderzimmer hin und her. Er sucht
seine Turnschuhe, aber
er kann sie nirgends
finden. Wo hat er sie nur hingelegt?
Hat er sie vielleicht
noch in der Schultasche?
Er sucht und sucht, schaut hierhin und
dorthin, kramt
im Kleiderschrank und
auf dem Regal, aber er hat kein Glück.

„Das geschieht dir ganz recht", sagt seine Mutter.
„Wenn du deine Sachen mal hierhin und mal dorthin legst,
dann kannst du bald überhaupt nichts mehr finden!"

Till sagt: „Ich glaube, ich muss
mal wieder
aufräumen." Und er macht
sich daran, seine Siebensachen
so zu ordnen, dass er sie wieder
leichter finden kann.

Und sieh an, da findet er auch seine Turnschuhe! Sie lagen im Sessel, unter Hosen und Spielsachen und Krimskrams versteckt.

Barbara Rhenius

Julia und Florian

Wir essen beide für unser Leben gern Weintrauben. Die Trauben wachsen bei uns gleich auf der anderen Neckarseite an den Weinbergen.

An unserem 1. Geburtstag brannten schon zwei Kerzen. Wer ist hier Julia und wer Florian?

Bei uns gibt es immer alles gleich zweimal. Unsere neuen Fahrräder haben wir sofort ausprobiert.

Am liebsten fahre ich Inliner. Das hier waren meine ersten.

Unser erster Schultag. Die Schultüten haben wir selber gebastelt. Eigentlich haben wir uns auf die Schule gefreut, auch wenn es hier nicht so aussieht.

Im Urlaub helfe ich gerne auf dem Bauernhof.

Textwerkstatt
Seite 176

Warum Mama aussieht wie ein Fußball und ich oft Schokoladenpudding kriege

Das mit dem Namensuchen und dem ausgekippten Kaffee, das ist schon lange her.

Da war die Mama noch beinahe dünn. Jetzt sieht sie aus wie ein Fußball mit zwei Beinen dran.

Mariemoritz ist in ihrem Bauch gewachsen, und wie! Mama passt nicht mehr in ihre Hosen.

Sie hat jetzt Hosen vom Papa an, mit Hosenträgern. Das sieht komisch aus.

Die ganze Mama sieht komisch aus.

Aber spucken muss sie nicht mehr.

Dafür geht sie jetzt so komisch. So schlapp, schlapp, ganz langsam und wie eine Ente.

Wenn sie sitzt, dann muss sie immer ein Kissen im Rücken haben. Das bringe ich ihr. Ich hab ja gedacht, in so einen dicken Fußballbauch, da passen leicht zwei Mariemoritz-Babys rein. Oder eine Marie und ein Moritz.

„Hilfe, Zwillinge, das fehlt mir noch!“, hat Mama gestöhnt.

Sie will lieber bloß ein Kind. Mir ist es egal. Wenn wir schon sowieso ein Baby kriegen, dann können es auch Babys sein. Namen haben wir ja.

Aber Mama hat gesagt, nein, es ist bloß ein Kind. Der Arzt weiß es und sie weiß es auch. Der Arzt hört die Mama manchmal ab. Er hört, wie das Herz vom neuen Kind schlägt.

Und er hat nur ein Herz schlagen hören. Aber ob es das Herz von Marie oder von Moritz ist, das weiß er nicht.

Die Mama auch nicht.

Ihr ist es egal. Mir nicht.

Die Mama lässt mich manchmal den dicken Fußballbauch anfassen. Das ist lustig. Weil, da werde ich geboxt.

Da boxt was richtig raus aus Mamas Bauch. Ein Füßchen oder eine Faust, sagt Mama. Man kann es nicht sehen, aber fühlen.

Mama hat gesagt, ich war auch mal in ihrem Bauch.

Das weiß ich ja. Das hat mir Papa schon lange erklärt.

Ich hab auch geboxt, und wie, hat Mama gesagt.

Das weiß ich aber nicht mehr, das hab ich vergessen.

Bald ist es ja auch vorbei, sagt sie. Dann ist sie wieder dünn und meine Mama wie früher. Dann kommt das Baby zur Welt, und wir haben ein neues Kind.

Ich freu mich. Jetzt sind wir drei, bald sind wir vier.

Dann wird alles anders.

Jetzt ist noch beinahe alles wie immer. Beinahe.

Ich kriege jetzt oft Schokoladenpudding und Papa spielt mit mir. Mit Bausteinen bauen und das Schneckenspiel.

Er spielt mehr mit mir als früher. Und Mama kocht viel mehr Schokoladenpudding als früher.

Gudrun Mebs

Mein Baumhaus

Mein Baumhaus

Hallo, ich heiße Simon und ich habe ein Baumhaus. Es ist schon 1000 Jahre alt. Ich habe es selber eingerichtet.
Der Stamm ist hohl und ich habe darin meinen Schreibtisch und ein Regal mit Büchern.
Ich habe eine kleine Luke, die führt nach unten. Unten habe ich ein Bett, eine Umkleidekabine und einen Geheimgang.
Von außen sieht der Geheimgang aus wie ein Stein. Ich habe noch eine kleine Luke, die führt nach unten.
Ich habe so viel gegraben, dass schon Wasser aus der Erde da ist. Das ist richtig gut, weil ich dann im Sommer einen Swimmingpool habe.

Simon, 2b

Ich habe ein Baumhaus mit meiner Freundin Carolin.
Es hat zwei Etagen.
Unten habe ich mein Bett und oben meine Bücher und meine Schreibsachen. Da ist es schön, weil meine Mäuse mit darin wohnen. Ich finde es immer schön, wenn es regnet. Dann lege ich mich aufs Bett und kuschle mit meinem Esel und höre dem Regen zu, wie er auf die Blätter fällt.
Manchmal laden wir Marie ein. Dann klettern wir alle drei nach oben und lesen.
Mein Baumhaus ist über 100 Jahre alt.

Kim, 2a

Bilder: Erwin Moser

Draußen spielen

Hüpfspiele – bei uns und in anderen Ländern

1. Alle Mitspieler entscheiden sich für ein Kunststück.
2. Stell dich auf das Feld Erde. Wirf das Steinchen in das Feld 1.
3. Hüpfe auf einem Bein in Feld 1. Hebe das Steinchen auf und hüpfe zur Erde zurück.
4. So geht das weiter bis zum Feld Himmel.
5. In die Felder 4 und 5, 7 und 8 kannst du beidbeinig springen.
6. Wenn das Steinchen in der Hölle landet, musst du abgeben und von vorn anfangen.
7. Zum Schluss kommt noch das Kunststück.

Solche Felder malen sich die Kinder in Italien auf:

Und so in den USA:

Kunststücke:

1. Hüpfe von der „Erde" zum „Himmel" und zurück, stoße das Steinchen mit dem Fuß von Feld zu Feld.
2. Lege das Steinchen auf den Fuß, während du auf dem anderen Bein hüpfst.
3. Lege das Steinchen beim Hüpfen auf den Kopf.

Spiele von früher

Spielregel: Murmeln

Dieses Murmelspiel könnt ihr auf sandigem Boden spielen.

1. Grabt eine kleines Loch in den Sandboden. Zieht einen Strich. Von da aus wird geworfen. Jeder nimmt drei Murmeln. Zählt aus, wer anfängt.
2. Das erste Kind rollt oder wirft seine Murmeln zur Grube. Alle Murmeln, die hineinrollen, darf es herausnehmen. Die anderen bleiben liegen. Jetzt sind alle Mitspieler der Reihe nach dran.
3. Kind 1 versucht seine danebengeworfenen Murmeln mit gekrümmtem Finger in die Kuhle zu schnellen. Trifft es nicht, ist das nächste Kind dran.
4. Wenn alle Murmeln im Loch sind, beginnt die zweite Runde.

Spielregel: Ballprobe

Es gilt, einen Ball auf verschiedene Weisen gegen eine Wand zu werfen und ihn zu fangen. Hier einige Beispiele.

- Den Ball mit beiden Händen oder mit einer Hand an die Wand werfen, ihn dann auf den Boden aufprellen lassen und wieder auffangen.
- Den Ball mit der rechten Hand werfen und fangen.
- Den Ball mit der linken Hand werfen und fangen.
- Den Ball mit beiden Händen werfen, in die Hände klatschen und den Ball mit beiden Händen fangen.

Ich bin ein Baum

Babette und Johannes sitzen auf der kleinen roten Gartenbank. Baumeln mit den Beinen. Haben ihre Augen fest zugemacht. Sie spielen ihr Lieblingsspiel: Ich bin etwas, was du nicht bist!

„Ich bin etwas, was du nicht bist“, sagt Babette.
„Was bist du denn?“, fragt Johannes.
„Ich bin ein Baum!“
„Bist du ein großer oder ein kleiner Baum?“
„Ich bin groß. Und ich steh auf einer Wiese. Ich hab Wurzeln. Einen dicken Stamm hab ich auch und Äste und Blätter.“
„Bist du stark?“, fragt Johannes.
„Und wie stark“, sagt Babette. „Der Wind will mich umpusten. Nur, das kann er nicht. Ich halte mich mit meinen Wurzeln in der Erde fest.“

„Hast du keine Angst, wenn du nachts allein auf
der Wiese stehst?“
„Ich bin doch überhaupt nicht allein“, sagt Babette.
„In der Nacht ist der Mond da und die Sterne.
Und die Hasen und die Rehe und die Glühwürmchen.
Die sind alle meine Freunde.“
„Ich bin auch dein Freund“, sagt Johannes.
„Das weiß ich“, sagt Babette. „Aber was bist du denn noch?“
„Ich? Ich bin ein Eichhörnchen.
Und ich klettere jetzt in den Baum.“
Babette schüttelt sich.
„Wenn du in mir herumkletterst, dann kitzelt das.“
Das Eichhörnchen lacht. „Mich kitzelt es aber nicht.
Weil ich ein dickes Fell habe.“
„Bist du gern ein Eichhörnchen?“, fragt Babette.
„Ja“, sagt Johannes. „Weil ich klettern und springen kann.
Wenn die Sonne scheint, sitze ich ganz oben im Baum.
Und wenn es regnet, möchte ich im Nest sein.
Das ist rund wie eine Kugel.
Und es ist warm und gemütlich.
Mit meinen spitzen Ohren kann ich hören,
wie die Regentropfen fallen.“
„Wenn du Hunger hast, kannst du
ein paar Eicheln von mir haben“, sagt Babette.
„Bist du denn eine Eiche?“, fragt Johannes.
„Ja“, sagt Babette. „Wenn du ein Eichhörnchen
bist, bin ich eine Eiche.“

Ursula Fuchs

Alles

Zusammen ausziehn
und die Welt ansehn,
mit kaputten Knien
nach Hause gehn,
glücklich und ganz voll,
denn alles war so toll.

Regina Schwarz

Vor Müdigkeit umfallen

atemlos
erhitzt
erschöpft
nach einem reichen,
langen, langen Tag,
der viel zu kurz war.

Hans Manz

Erklärung für spätes Heimkommen

Wir sahen drunten das Flussufer blinken
Und wollten vom klaren Wasser trinken,
Wo all die Fische, die goldnen und roten,
Vorüberhuschen wie eilige Boten.

Wo unter grünen Algenhainen
Es schimmert von bunten Kieselsteinen –
Und das Glänzen, das jeder Stein sehen lässt,
Dies Funkeln hielt uns so lange fest.

Richard Hughes

Mir ist langweilig

Ich weiß nicht, was ich tun soll.
Ich habe mein Bett gemacht.
Ich habe Flöte geübt.
Ich habe alle meine Bücher gelesen.
Ich kann Puzzles nicht mehr ausstehen.
Mir ist langweilig,
langweilig,
LANGWEILIG.

Aliki Brandenberg

Brief aus den Ferien

Liebe Omi!

Wir haben gestern wieder Ravioli gegessen. Papa sagt, sie kommen ihm schon zu den Ohren raus. Aber das sagt er nur so, sie kommen nicht echt. Ich setz mich jetzt immer ins Schlafzimmer, weil im Wohnzimmer (mit Kochnische) Mama und Papa sitzen und maulig sind. Nur wegen dem Regen. Papa sagt, wenn es nicht bald besser wird, packen wir ein und fahren nach Hause. Leider hat unser Apartment auch keinen Fernseher, Apartments mit Fernseher (in Farbe) waren uns zu teuer. Darum wissen wir jetzt gar nicht, was wir den ganzen Tag machen sollen. Wir haben schon den großen Kasten mit Familienspielen durchgespielt, da ist drin: Mensch-ärgere-dich-nicht! und Halma (das ist doof) und Mühle und Dame (das kann ich nicht, liebe Omi, es ist altmodisch) und Mikado und Memory. Aber Memory will Papa nicht mehr, weil er da immer verliert. Bei Mühle hat er mich immer ganz wütig rausgepfeffert, das will ich jetzt nicht mehr. Mama kann nicht mitspielen, die muss auf Demian aufpassen, dass er keinen Blödsinn macht in dem kleinen Apartment. Leider kann sie beim Aufpassen trotzdem mit mir Rechnen üben. Sie will immer nur Minus, das ist gemein. Plus kann ja jeder Mensch besser.

Deine Sophie

Kirsten Boie

Textwerkstatt
Seite 172

Ein schönes Spiel

Erich Rauschenbach

Enttäuscht

Martina, die Maus, zog sich an und ging aus.
Wohin? Mal eben ins Nachbarhaus.
Wollte schwatzen.
Da saßen die Mäuse steif und stumm
um den Fernsehkasten herum.
Sahen Micky-Maus.
Martina sprach nur ein einziges Wort.
Dann ging sie leise, ganz leise fort.
Weinte ein bisschen.
„Tschüschen!“

Hanna Hanisch

Die Sendung mit der Maus: www.wdrmaus.de

Maus

„Klack-klack, schnüff-schnüff!“
Sie ist orange, hat große Augen und sechs Barthaare.
Die Maus ist
keine normale Maus.
Als Trickfigur kann sie Dinge tun, die keine andere Maus kann; sie benutzt ihre Barthaare als Propeller, funktioniert ihren Schwanz als Korkenzieher um und klappt morgens ihren Bauch auf, um den darin eingebauten Wecker auszuschalten – die Maus überrascht immer wieder.

Der Elefant

Die Maus hat für ihren Freund, den kleinen Elefanten, ein Elefantenalphabet geschrieben:

Das ELEFANTABET

Drollig
Enorm verspielt
Rund wie ein Fußball

Ehrlich
Liebenswürdig
Echt hilfsbereit
Fürchterlich stark
Aber fast immer müde
Neugierig und ganz schön schlau
Trampelig, aber sanftmütig,
friedlich
und lieb ...

Textwerkstatt
Seite 177

Seifenblasenflüssigkeit

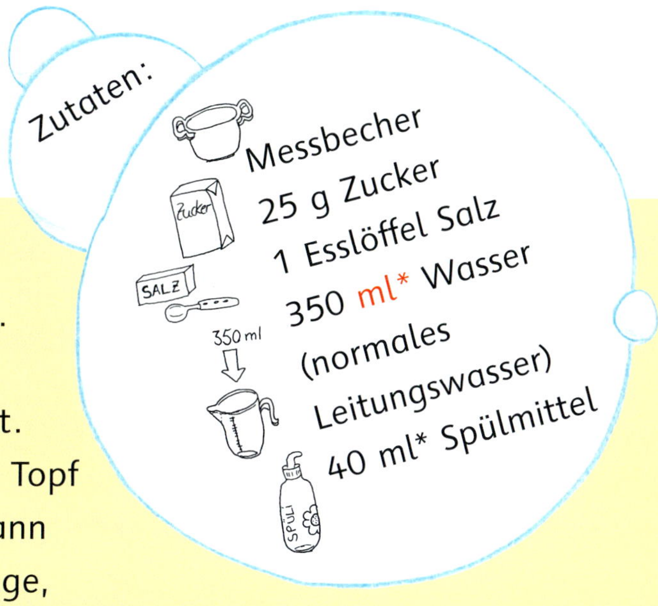

Die Menge reicht für die ganze Klasse.

Zuerst wird die Zuckerlösung angesetzt. Dazu werden 100 ml Wasser in einem Topf erwärmt. Zucker und Salz gibt man dann in das warme Wasser und rührt so lange, bis sich der Zucker vollständig aufgelöst hat.

Anschließend werden in einem anderen Gefäß Spülmittel und 100 ml Wasser vermischt.

Danach wird das Gemisch aus Spülmittel und Wasser in den Topf mit dem Zuckerwasser geschüttet. Zuletzt wird das restliche Wasser hinzugegeben. (Na, wie viel ist noch übrig? Die Lösung steht unten auf der Seite.) Das Gemisch sollte nun 2 Stunden bei Zimmertemperatur gut durchziehen.

Wer keinen Pusteapparat hat, nimmt z. B. eine große Büroklammer oder ein Stück Draht: Oben schön rund biegen – und schon kann's losgehen.

* ml steht auf jedem Messbecher und ist die Abkürzung für „Milliliter“.

Lösung: Es sind noch 150 ml Wasser in eurem Messbecher.

Auf einmal bin ich da!

Textwerkstatt
Seite 183

Der Frühling

Mit duftenden Veilchen komm ich gezogen,
auf holzbraunen Käfern komm ich gebrummt,
auf singenden Schwalben komm ich geflogen,
auf goldenen Bienen komm ich gesummt.
Jedermann fragt sich,
wie das geschah:
Auf einmal
bin ich
da!

Mascha Kaléko

Leise zieht durch mein Gemüt

Leise zieht durch mein Gemüt
Liebliches Geläute.
Klinge, kleines Frühlingslied,
Kling hinaus ins Weite.

Kling hinaus bis an das Haus,
Wo die Blumen sprießen.
Wenn du eine Rose schaust,
Sag, ich lass sie grüßen.

Heinrich Heine

Bilder: Jutta Mirtschin

Frosch und Kröte

Der Frosch lief über die Wiese
zum Haus der Kröte.
Er klopfte an die Haustür.
Niemand antwortete.
„Kröte, Kröte", rief Frosch,
„wach auf! Der Frühling ist da!"
„Boaah", tönte eine Stimme
aus dem Haus.
Frosch rief lauter: „Kröte! Kröte!
Die Sonne scheint!
Der Schnee schmilzt. Wach auf!"

„Bin nicht zu Hause",
murrte die Stimme.

Da machte Frosch
ganz einfach die Tür auf.
Im Haus war es dunkel.
Alle Fensterläden waren zu.
„Kröte, wo bist du?",
fragte Frosch.
„Mach, dass du rauskommst",
sagte die Stimme.
Sie kam aus der Ecke,
in der das Bett stand.

Textwerkstatt
Seite 181

Im Bett lag Kröte. Sie hatte sich in ihre Decken verkrochen. Frosch zog Kröte aus dem Bett. Er schubste sie durchs Haus zur offenen Tür.

Kröte blinzelte in die Sonne. „Hilfe!“, schrie sie. „Ich kann kein bisschen sehen.“ „Unsinn“, sagte Frosch. „Natürlich kannst du sehen. Du siehst den April mit seinem warmen, hellen Licht. Und das bedeutet, dass die schönste Zeit im Jahr beginnt. Stell dir vor, wir hüpfen über die Wiesen, wir streifen durch die Wälder, wir schwimmen im Fluss. Und abends sitzen wir vor der Haustür und zählen die Sterne.“

Arnold Lobel,
neu erzählt von Tilde Michels

Der 1. April

Im April geht es verrückt zu. „Es regnet“, sagt Pippa. „Die Sonne scheint! Es ist kalt und warm und gleich wird es noch schneien.“ Die Mama lacht. „Nimm den Regenschirm mit“, sagt sie, „die Pelzmütze, den Badeanzug und die Sonnenbrille. Du könntest mir was beim Bäcker holen.“ „Was denn?“, fragt Pippa. „Pustekuchen“, sagt die Mama. „Wa-a-as?“, will Pippa wissen, „Puste-kuchen?“ „Nun mach schon“, sagt die Mama. „Na“, fragt die Bäckersfrau, „Semmeln?“ Pippa schüttelt den Kopf. „Pustekuchen“, sagt sie. „Für zwei Euro.“ Da guckt die Bäckersfrau ganz komisch. „Für wen sollst du den denn holen?“, will sie wissen. „Für die Mama“, sagt Pippa. Jetzt lacht die Frau. „Deine Mama hat dich in den April geschickt“, sagt sie. „Dann gibt es gar keinen Pustekuchen?“, sagt Pippa. „Ach“, meint sie dann, „das macht nichts!“ Zu Hause reicht sie der Mama die Tüte. „Was hast du denn da drin?“, fragt die Mama. Ganz überrascht ist sie. „Was denn wohl“, sagt Pippa. „Pustekuchen natürlich. Wollen wir ihn gleich essen?“ „Sicher“, sagt die Mama. „Was hast du denn gedacht?“ Sie packt die Nusshörnchen aus und sie lassen es sich schmecken. „Pustekuchen ist gut“, sagt Pippa, „nicht wahr?“ „Ja“, sagt die Mama mit vollem Mund, „ich hatte ganz vergessen, dass er so gut ist.“ – „Das kommt, weil es ihn nur einmal im Jahr gibt“, sagt Pippa. Und sie kauen und grinsen sich an.

Gina Ruck-Pauquèt

Textwerkstatt
Seite 181

Ostern

KKKKKKKKKKKK
KKKKKKKKKKKK
KKKKKKKKKKKK
KOSTERKERZEKK
KKKKKKKKKKKK
KKKKKKKKKKKK
KKKKFREUDEKKK
KKKKKKKKKKKK

Güneş erzählt von Ostern

Damals als wir hier ankamen,
war gerade Ostern. Das ist für
uns ein fremdes Fest, weil wir
eine andere Religion haben.
Wir sind Moslems. Aber die
bunten Ostereier haben mir
gleich gefallen.
Die Frau, die nebenan wohnt,
war von Anfang an nett zu uns.
Ihre Tochter ist ungefähr
so alt wie ich.
Sie heißt Marietta. Am Ostertag
brachte mir Marietta ein
Körbchen mit bunten Eiern
und sie hat mir auf Deutsch
die Farben beigebracht.
Ich habe Marietta dann gesagt,
wie sie auf Türkisch heißen:
Rot = kirmizi, Blau = mavi,
Gelb = sari, Grün = yeşil.
Da hat Marietta gemerkt,
wie schwer eine fremde
Sprache ist.

Tilde Michels

Die jungen Amseln

Im Frühling wird ein Nest gebaut, gut geschützt in einer Hecke oder in einem Baum. Das Nest wird ausgepolstert mit Moos und weichen Gräsern.

Ist es fertig, legt die Amsel die Eier ins Nest. Das können vier oder auch mehr zartblaue Eier sein.

Dann beginnt die Amsel zu brüten. Sie hockt sich in das Nest und wärmt die Eier.

Nach vierzehn Tagen ist es so weit: Die jungen Amseln schlüpfen aus den Eiern. Sie haben noch geschlossene Augen und sind ganz nackt. Noch zwei Wochen lang müssen sie gut gewärmt werden.

Jetzt müssen die Eltern auch ständig Futter herantragen: Insekten, Spinnen, Würmer, Schnecken, aber auch Beeren und Früchte.
Die Amselkinder sperren weit die Schnäbel auf!

Und eines Tages wollen sie das Nest verlassen. Sie sind flügge geworden. Das Fliegen ist anfangs gar nicht einfach.

Und noch lange folgen die jungen Amseln den Eltern und betteln um Futter.

Amseln gibt es bei uns überall. Sie werden auch Schwarzdrosseln genannt.

Waltraud Schmidt und Christine Adrian

Textwerkstatt
Seite 173

Muttertag

SIE MAG MICH ICH MAG SIE AUCH

Muttertagsstrophen

Zum Muttertag, zum Muttertag
sag ich dir, dass ich dich mag.

Es duftet nach Flieder
und frischem Gras,
und immer wieder
verrat ich dir das:

Zum Muttertag, zum Muttertag
sag ich dir, dass ich dich mag.

Die Blume braucht Wasser,
der Baum braucht das Licht,
der Mensch,
der braucht Menschen,
sonst freut es ihn nicht.

Zum Muttertag, zum Muttertag
sag ich dir,
dass ich dich brauch.
Und den Papa auch!

Georg Bydlinski

Mama, Mutti, Mami, Papi …

Mag mich
Aber auch die andern
Regt sich oft auf
Ganz lieb ist sie trotzdem
Redet gerne
Erzählt mir eine Geschichte
Tanzt gerne

Daniel

Schimpft selten
Arbeitet viel
Bleibt meistens cool
Ist sehr aktiv
Näht gerne
Erzählt mir Geschichten

Lena

Textwerkstatt
Seite 180

Vorhang auf!

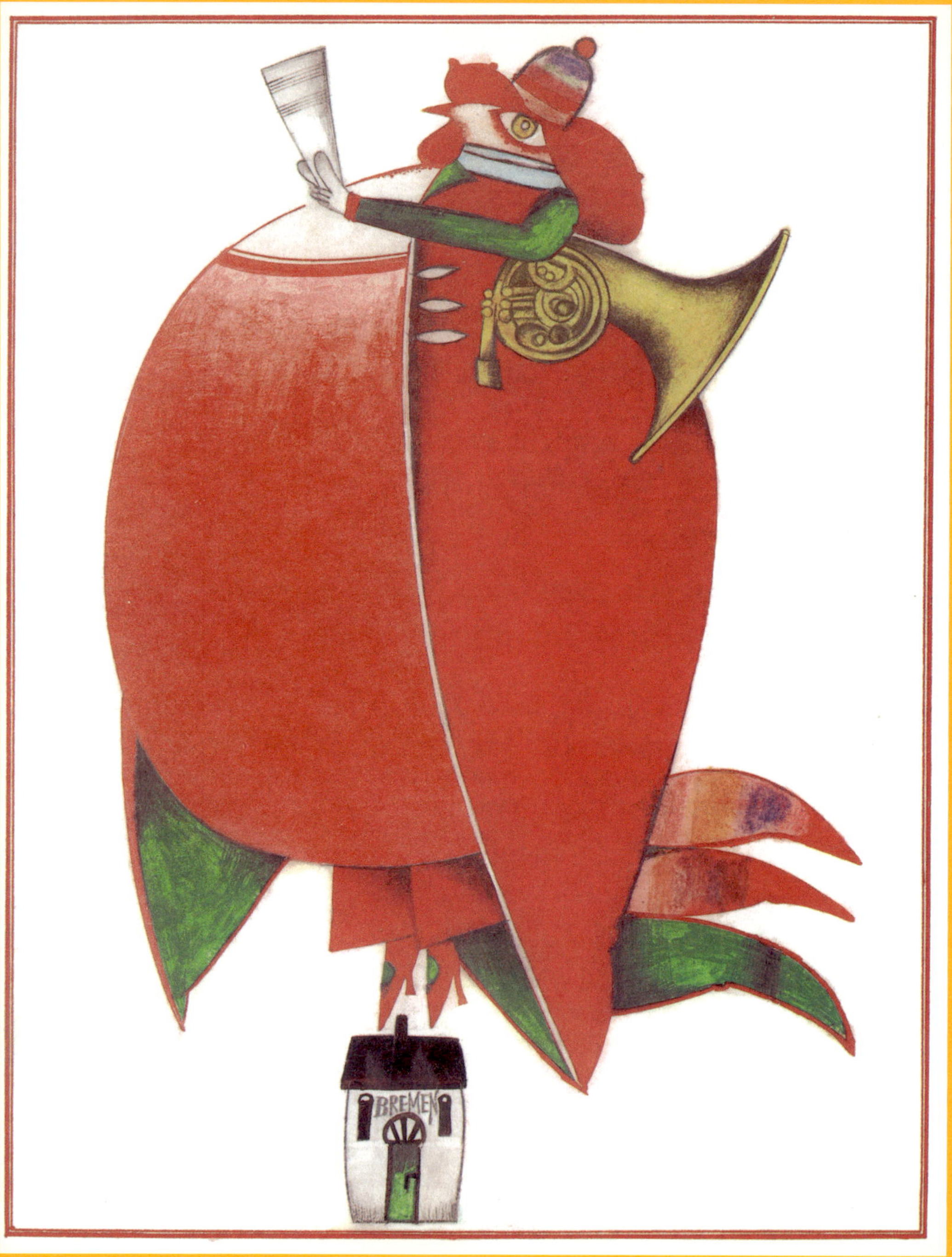

Hereinspaziert

„Liebe Eltern und Kinder!“,
ruft der Mann mit dem Zylinder.
„Hereinspaziert! Hereinspaziert!
Hier wird ein Nilpferd vorgeführt.
Der Mann mit der Peitsche
ist ein Dompteur.
Und der mit den Ringen
ein Jongleur.“

„Liebe Eltern und Kinder!“,
ruft der Mann mit dem Zylinder.
„Das kleine Mädchen tanzt auf Spitzen
und wird auf einem Tiger sitzen.
Aus dem Hut des Clowns wachsen
Trauben,
aus seinem Hemd fliegen Tauben.
Er wird Geige spielen und singen
und euch alle zum Lachen bringen.“

Bilder: Květa Pacovská
Text: Max Bolliger

Das Tierhäuschen

Die Personen:

Der Erzähler

Der Frosch

Die Maus

Der Hahn

Der Igel

Wer wohnt denn in dem Häuschen, in diesem lieben Häuschen?
Quak-quak, nicht Vater, Mutter, Kind,
mir scheint, hier wohnt allein der Wind.
Im Moor wars feucht. Und feucht ist angenehm,
doch hier ists dafür sicher und bequem.
Ein Ofen da, und Holz, quak-quak,
und Kochtopf auch und Pfanne.
Da heiz, koch, brat ich jeden Tag. Mit Birkenholz und Tanne.

Kaum wird es hell im kleinen Haus,
klopft an die Tür die Haselmaus.

Ein Haus hier auf dem freien Feld; ein Häuschen?
Kein großes Haus, doch auch kein Zelt,
ein Häuschen? Ich bin die Haselmaus.
Wer wohnt in diesem Haus?

Ich wohne hier, ich heiße Quak.
Und du sag erst mal guten Tag.

Textwerkstatt
Seite 181

Frosch Quak wohnt hier, das trifft sich fein.
Drum: Guten Tag! Nun lass mich auch gleich ein.
Wir wohnen hier zusammen. Ich schaffe Korn genug herbei,
wir backen Plinsen, kochen Brei.

Tritt nur herein, Frau Haselmaus.
Jetzt wird es lustig sein im Haus.

Nun sitzen zwei im Häuschen,
Quakfrosch und Haselmäuschen.
Sie heizen den Ofen und mahlen das Korn.
Ist alles gegessen, gehts wieder von vorn.
Doch morgens ganz früh klopft ein Dritter schon an
und schreit kikeriki. Das ist Gockel, der Hahn.

Koko-koko und kikeriki,
wer wohnt denn hie, wer wohnt denn hie?

Ich bin der Frosch und heiße Quak.

Ich bin die Maus. Wer bist du, sag?

Ich bin mit stolzem Kamm der Hahn.
Mit scharfen Sporen angetan,
der beste Sänger weit und breit
im kunterbunten Federkleid.
Wer mich aufnimmt, braucht nicht zu sorgen.
Ich schlaf im Hof und sing am Morgen.

Ja, Gockel, komm nur schnell herein.

Jetzt wird es noch viel lustiger sein.

Quak-quak, Piep-piep und Kikeriki.
Ob spät, ob früh, so lebten sie
und aßen, tranken, keiner fror,
da klopft ein Igel an das Tor.

Wer wohnt denn hier im Häuschen?

Ich, Quak, der Frosch.

Ich, Piep, das Mäuschen.

Ich, Kikriki, der Gockelhahn.
Doch wer bist du, Herr Wandersmann?

Ich bin der Igel Schnauf und
gar nichts regt mich auf.
Statt Fell hab ich ein Stachelkleid,
da fürcht ich niemand weit und breit.
Bewach ich euer Haus, nimmt jeder Dieb Reißaus.

Quak-quak, komm nur gleich herein.

Nun lebten hier im Haus
Frosch, Igel, Hahn und Maus.
Die Maus schafft Hafermehl heran,
der Frosch bäckt die Pasteten dann.
Und auf dem Fensterbrett der Hahn,
der macht Musik, so laut er kann,
der Igel hält die Wache – tut jeder seine Sache.

Samuil Marschak,
nachgedichtet von Johannes Bobrowski

Spiel mit großen Stockpuppen

Wo bist du?

„Jurij, wo bist du?“
„Oben auf dem Boden.“
„Was machst du denn da?“
„Ich gucke zum Dachfenster hinaus.“
„Ist Michael auch dort?“
„Ja!“
„Was macht denn der?“
„Er hilft mir.“
„Ihr kommt auf der Stelle herunter!“
„Wir haben keine Zeit.“
„Ja, warum denn nicht?“
„Wir haben noch nichts gesehen!“

Sorbischer Schwank

Textwerkstatt
Seite 181

Pu der Bär

„Hallo, Ferkel“, sagte Pu.

„Hallo, Pu“, antwortete Ferkel.

„Was machst du denn da?“

„Ich versuche an den Klopfer zu gelangen“, erklärte Ferkel.

„Ich kam eben vorbei, um ...“

„Ich werde es für dich versuchen“, sagte Pu freundlich und langte hinauf und klopfte.

„Ich habe eben I-Aah gesehen“, erzählte er.

„Der arme I-Aah ist sehr traurig, weil er heute Geburtstag hat und keiner daran denkt. Er ist sehr verdrossen darüber – du weißt, wie I-Aah ist – und da stand er ... zum Teufel, wie lange dauert es denn, bis einem hier die Tür aufgemacht wird?“

Er klopfte noch einmal heftig.

„Aber Pu“, lachte Ferkel, „das ist doch deine eigene Tür!“

„Ach“, sagte Pu. „Das stimmt, wir wollen hineingehen.“

Sie gingen hinein. Das Erste, was Pu tat, war, im Geschirrschrank nachzusehen, ob er noch ein kleines Töpfchen Honig übrig hätte. Es war wirklich noch eines da, und so nahm er es herunter.

„Das schenke ich I-Aah“, sagte er. „Was willst du ihm schenken?“

„Könnte ich es nicht mitschenken?“, fragte Ferkel.

„Wir schenken es ihm zusammen.“

„Nein“, widersprach Pu. „Das wäre kein guter Plan.“

„Gut, dann schenke ich ihm einen Ballon. Ich habe noch einen übrig von meiner letzten Kindergesellschaft. Soll ich ihn holen?“

„Ferkel, das ist ein ausgezeichneter Gedanke. Das wird I-Aah aufheitern. Mit einem Luftballon kann man nicht schlechter Laune bleiben.“

Alan Alexander Milne

Textwerkstatt
Seite 181

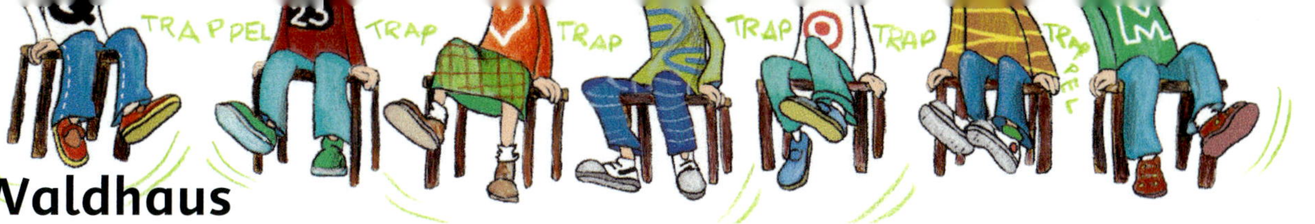

Das Waldhaus
(mit Begleitmusik)

Wir liegen im Waldhaus in tiefer Nacht.
Da naht ein Trappeln.
Erwacht! Erwacht!
(Wir trappeln, erst leise, dann laut)

Vorm Fenster stehen die Wölfe
und heulen, alle zwölfe.
(Wolfsgeheul)

Noch zwanzig kommen dazu
und helfen heulen. Hu!
(Noch mehr Geheul)

Jetzt sind es zweiunddreißig.
Wir zittern und bibbern fleißig.
(Bibbern und Zähneklappern)

Nun bringen wir denen das Bibbern bei.
Wir brüllen wie die Löwen – eins, zwei, drei!
(Löwengebrüll)

Die Wölfe fliehn in die Ferne.
Weg sind sie. Das haben wir gerne.
(Trappeln, erst laut, dann sich verlierend)

Im Waldhaus ist es wieder still.
Nur der Wind pfeift noch, bald leis, bald schrill.
(Jeder darf pfeifen, bis er nicht mehr kann)

Josef Guggenmos

Textwerkstatt
Seite 181

Natur entdecken: Pflanzen

Ich und mein erster Garten

Das Haus, in dem ich wohnte, lag am Rande der Stadt. Von meinem Fenster aus konnte ich die ganze Stadt sehen.

Textwerkstatt
Seite 173

Eines Tages fuhr ich mit meinem Fahrrad raus aus der Stadt. Ich kam zu einer großen Wiese voller Blumen. Das gefiel mir viel besser als unser gepflasterter Hinterhof.

Ich brachte einen großen Strauß Wiesenblumen mit nach Hause. Mein Großvater half mir, ihn in eine Vase ins Esszimmer zu stellen. „Meinst du, wir könnten Blumen in unserem Hof haben?“, fragte ich. „Aber sicher“, sagte er. „Früher gab es mal einen wunderschönen Garten rings um den Brunnen. Das ist schon lange her, da war ich so alt wie du.“

Am nächsten Tag bestieg ich wie immer mein Fahrrad. Während ich so radelte, dachte ich an den Garten, den es früher mal in unserem Hof gegeben hatte. Und in meiner Fantasie füllte sich unser Hinterhof wieder mit Blumen.

Als ich nach Hause kam, war es schon beinahe dunkel. Niemand war im Hof. Ich öffnete den Geräteschuppen. Alles, was ich brauchte, war darin. Und so begann ich mit meiner Arbeit.

Stein nach Stein schaffte ich um den Brunnen weg. „Was macht er da?“, fragten sich die anderen Kinder.

Ich grub und hackte. Ich hackte und grub, um die Beete rund zu bekommen. Ich holte Setzlinge auf dem Markt. Ich pflanzte die Setzlinge in die Erde. Ich begoss sie jeden Tag. Ich schaute immer wieder nach Unkraut. Eines Tages sah ich die ersten kleinen Blumen.

Und dann stand der Garten in voller Blüte. Alle mochten den Garten und wollten helfen. Nun konnten wir in unserem Hof-Garten spielen, so viel wir wollten.

Text und Bilder: Tomek Bogacki

Was ist eine Wiese?

Was ist eine Wiese?
Futter für die Kuh.
Und noch was dazu.
Gras und Blumen.
Schmetterlingsgeflügel.
Bienensummen.
Ameisgekrabbel. Käfergezappel.
Achtung! Maulwurfshügel!
Margeriten.
Rote Federnelken vor dem blauen Himmel.
Heupferd übt den Weitsprung bis zum Kümmel.
Ein Kamillenbusch öffnet
zwei Blüten.
Sommerfliegen flitzen
über Storchenschnabelmützen.
Hummeln brummeln im Honighaus
ein und aus.
Glockenblumen baumeln und bummeln.
Unten am Löwenzahn geigt
eine Grillenschnarre. Der Wind
spielt mit den Halmen Harfe
oder Gitarre,
alles regt sich und bewegt sich,
alles was da lebt und schwebt,
leuchtet, knistert, flüstert,
bummelt, bummelt.
Was ist eine Wiese? –
Das ist eine Wiese!

Friedl Hofbauer

Textwerkstatt
Seite 182

Eine schöne bunte Wiese

So sehr hatte Ute sich auf die Ferien gefreut. Nun ist nichts als Langeweile, schreckliche Langeweile. Ute wohnt in der Stadt, im Hochhaus, achter Stock. Ute sitzt auf dem Balkon. Ihre Beine baumeln über die Lehne des Gartenstuhls. Sie hält Ausschau: Wo sitzt noch ein Kind auf einem Balkon und hat Langeweile? „Dann flieg ich ganz schnell hinüber“, denkt Ute. „Ach, Quatsch“, schimpft Ute sich selber aus, „jetzt fahre ich mit dem Fahrstuhl runter und seh nach, was auf dem Spielplatz los ist.“ Aber dort ist nur öde Leere. Die meisten Kinder sind irgendwohin in die Ferien gefahren. Ute seufzt: „Die haben's gut.“ Da kommt Dirk um die Ecke getrödelt. Und noch jemand kommt, ein Mann mit einem Kanister auf dem Rücken und mit einer Spritzdüse in der Hand. Ute und Dirk beobachten, was er macht. „Geht weg“, ruft er. „Ich spritze Gift, damit das Gras zwischen den Pflastersteinen kaputtgeht.“ – „Nein“, schreit Ute, „das schöne Gras! Das sieht doch fast wie eine grüne Wiese aus. Und wir haben doch keine andere Wiese.“

„Dann musst du die Grashälmchen auszupfen und auf euren Balkon pflanzen“, lacht der Mann. „Überhaupt die Idee“, ruft Ute. „Komm Dirk.“

„Ich hab noch Taschengeld“, sagt Dirk. „Davon kaufen wir Blumenerde im Blumengeschäft.“

„Ja, lauf, in der Zeit suche ich im Keller einen Blumenkasten. Und dann wächst eine Wiese auf unserem Balkon. Und Blumensamen säen wir auch hinein. Eine schöne bunte Wiese soll wachsen, unsere schöne bunte Sommerwiese.“ Ute ist ganz aufgeregt. Und alle Langeweile ist verflogen.

Hermine König

Tag und Nacht im Leben der Pflanzen

Wenn die Nacht vorüber ist, geht die Sonne auf.
Und wenn der Tag vorüber ist, geht die Sonne unter.
Es folgt die Nacht und wieder der Tag und immer so weiter.
Licht und Dunkelheit wechseln sich ab.

Pflanzen können das Licht nicht sehen, so wie wir mit unseren Augen. Aber sie spüren genau, wann es morgens hell wird. Dann öffnen sich die Blüten des Löwenzahns und vieler anderer Blumen. Zu dieser Zeit haben sie besonders viel Nektar für die Insekten. Vor allem aber beginnen die grünen Blätter die Sonnenenergie einzufangen. Lichthungrig drehen und wenden sie sich zur Sonne hin. Wenn es dunkel wird und bei regnerischem Wetter schließen sich die Löwenzahnblüten. Einige Pflanzen brauchen wenig Sonne und gedeihen auch im Schatten. Ihre großen Blätter helfen ihnen dort noch genügend Licht aufzunehmen.

Aber Pflanzen schlafen nicht. Während der Nacht müssen sie die Nährstoffe, die sie tagsüber gebildet haben, in andere Teile der Pflanze transportieren. Sie müssen Platz schaffen, damit die Blätter am nächsten Morgen die Sonne wieder aufnehmen können.

Tag und Nacht, hell und dunkel – an diesen Wechsel haben alle Pflanzen ihr Leben angepasst.

Una Jacobs

Textwerkstatt
Seite 173

Federball

Hoch am Stängel, weiß und prall
nickt ein runder Federball.
Samenschirmchen dicht
bei dicht,
Löwenzahn Laternen-Licht.

Zupft der Wind
mit losem Finger,
löst die hellen, leichten Dinger.
Schweben Schirmchen überall.
Und der Wind spielt Federball.

Lisa-Marie Blum

Der Löwenzahn

Dem Löwenzahn zum Ruhme
gibt es die Pusteblume.
Die Pusteblume ist sein Kind.
Wenn ihr nicht pustet,
kommt der Wind
und pustet ihre Sterne.
Sie fliegen in die Ferne,
und wo sie landen, seht's euch an –
da wächst ein neuer Löwenzahn.

Heinz Kahlau

Blumenlied

Löwenzahn, sag an, an, an,
ob dein Zahn auch beißen kann.

Fingerhut, ach je, je, je,
reichst der Biene bis zur Zeh.

Glockenblume, kling, kling, kling,
Glöckner ist der Schmetterling.

Mohn im Korn, so rot, rot, rot,
kostbar ist das liebe Brot.

Butterblume, muh, muh, muh,
morgen kommt die schwarze Kuh.

Reiner Kunze

Juli

Es kommt eine Zeit
mit Sonnenblumen
Da sagt die Sonne
zu ihrer Blume
Fall herab

Die Leute sagen
Die Sonne geht auf
Die Sonne geht unter
Die Sonne ist rund
Die Sonne ist heiß
Und niemand weiß doch
wer ich bin

Die Blume fällt herab
und ruft
Ich bin die Sonnenblume

Und die Sonnenblume
lässt den Kopf hängen
Oben schwimmt die Sonne davon

Elisabeth Borchers

Pflanzanleitung

Diese Sonnenblumen-Samen kannst du im April und Mai aussäen. Such dir einen sonnigen und windgeschützten Platz im Garten. Nimm die Samen vorsichtig aus der Tüte. Säe nun die Samen aus: Drücke dazu die Samen etwa 2 cm tief in die Erde. Lass zwischen den einzelnen Samenkörnern ungefähr 50 cm Abstand. Nach etwa 10-15 Tagen wirst du die ersten grünen Keime aus der Erde herauswachsen sehen. Von August bis Oktober werden die roten Sonnenblumen in deinem Garten blühen. Du kannst die Samen aber auch erst in einen Blumentopf pflanzen und diesen auf eine sonnige Fensterbank stellen. Wenn die Pflanze vier Blätter hat, kannst du sie in den Garten umpflanzen oder aber im Blumentopf auf dem Balkon weiterwachsen lassen. Im Herbst kannst du dir aus den Blüten Samenkörner nehmen, die du im nächsten April wieder aussäen kannst. Viel Spaß!

Rosa, die schnellste Bohne der Stadt

Manchmal habe ich keine Lust zu warten. Auf trödlige Kerne zu warten, die niemals wachsen! Darum habe ich mir in der Samenhandlung eine Tüte Feuerbohnen beschafft. (Sie werden auch türkische Bohnen genannt.) Ich taufte eine Bohne Rosa, nahm einen nicht zu kleinen Topf und drückte sie in die Erde, ungefähr 2 cm tief. Ich goss die Erde, bis sie feucht war, und stellte den Topf in die Nähe einer Heizung. Das war am 10. April.

Schon am 14. kam Rosas erste grüne kleine Spitze aus der Erde! Und Rosa wuchs mit aller Kraft, jeden Tag mehrere Zentimeter. Ich musste ein Stöckchen in die Erde stecken, an dem Rosa hochranken konnte.

Nach zwei Wochen war Rosa genauso groß wie ich!

Ich zog die Gardine zur Seite und spannte eine Schnur zur Gardinenstange. Und dann zeigte ich Rosa, wie sie weiterranken sollte. Inzwischen habe ich noch fünf Bohnen gepflanzt. Sie sind gerade herausgekommen. Außer einer. Die kommt wohl nie.

PS: Dann bekamen Rosa und die anderen hübsche rote Blüten. Und wenn man sie nach draußen verpflanzen kann (auf einen Balkon oder in einen Garten), kommen nach den Blüten riesige Bohnenschoten. Und in den Schoten sind genau solche Bohnen wie in der Samentüte. Ist das nicht wunderbar?

Achtung!

Die Schoten und die Bohnen sind giftig. Aber wenn sie gekocht sind, kann man sie essen.

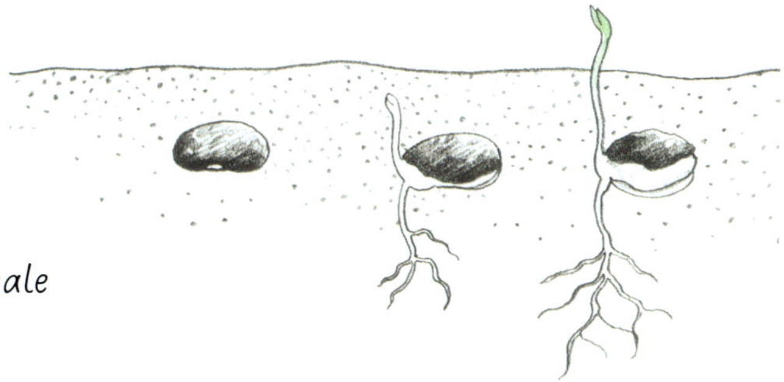

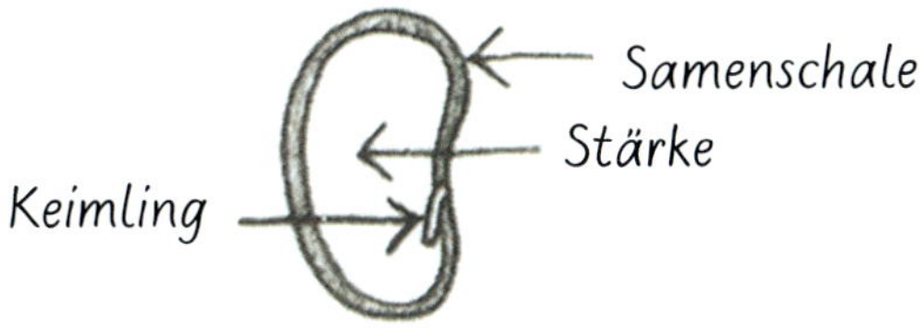

Was geschieht, wenn etwas keimt?

Warum fing Rosa an zu keimen, als sie in die Erde kam? Warum keimte sie nicht schon in der Tüte? Ich muss Blümle fragen.

„Wenn eine Bohne oder ein Samen keimen soll“, sagt Blümle, „braucht man drei Dinge: Wasser, Sauerstoff und Wärme.“

Als Rosa in die feuchte, warme Erde kam, saugte sie Wasser auf (in der Tüte war es ja trocken und kühl gewesen).

Mit Hilfe des Wassers und des Sauerstoffs in der Luft, der durch die Erde drang, konnte Rosa anfangen zu wachsen.

Sie wuchs nach oben und nach unten. Nach oben wurden es Blätter, nach unten Wurzeln. Blätter und Wurzeln brauchte sie für die Nahrung.

„Aber wie konnte sie leben, bevor sie Nahrung bekam?“, frage ich.

„Sie hatte den Proviant dabei“, sagt Blümle. „In der Bohne selbst. Sie besteht aus einer Schale, der Samenschale. Innen drin ist die Stärke. Das ist der Proviant, die Nahrung. Davon lebt Rosa, bevor sie Wurzeln und Blätter kriegt. Und in der Stärke ist der eigentliche Keimling, der lebt. Da liegt er und wartet. Er wartet auf Wasser und Wärme, damit er anfangen kann zu wachsen.“

„Aber wie kommt es, dass er lebt?“, frage ich. Denn ich will ja alles wissen.

„Darauf weiß ich keine Antwort“, sagt Blümle. „Die Fragen nach dem Leben selbst sind am allerschwersten zu beantworten.“

Christina Björk
Lena Anderson

Textwerkstatt Seite 174

Wie wir leben

Klar, dass Mama Anna lieber hat

Und dabei hat doch ganz bestimmt Anna angefangen! Aber natürlich nimmt Mama wieder Anna in Schutz und nie beschützt sie Ole. Da ist es ja ganz klar, dass Mama Anna lieber hat als ihn, und das hat Ole schon immer gewusst.

Weil Mama Anna immer mehr Pudding auf den Teller tut als Ole, immer, auch wenn sie sagt, es ist ganz genau gleich. Aber Ole kann ja wohl sehen, was mehr ist!

Und manchmal, wenn Ole schon ins Bett muss, darf Anna noch bei Mama sitzen und mit ihr Sachen bereden über die Schule und dabei muss sie doch morgens genauso früh aufstehen wie er! Und wenn Ole dann heimlich wieder aus dem Bett gekrabbelt kommt und durch die Wohnzimmertür linst, bringt Mama ihn zurück in sein Bett, und auf dem Sofa sitzt immer noch Anna und bestimmt lacht sie ihn aus.

Klar, dass Mama Ole lieber hat

Und mit Ole schimpft Mama gar nicht! Mit Ole schimpft sie kein einziges Wort, und daran sieht man doch mal wieder, dass sie ungerecht, ungerecht, ungerecht ist.

Und dass sie Ole viel lieber hat als Anna. Das weiß Anna sowieso schon lange, weil Mama Ole immer mehr Pudding auf den Teller tut als Anna, immer.

Auch wenn sie sagt, es ist ganz genau gleich. Aber Anna kann ja wohl sehen, was mehr ist! Und wenn Anna um acht Uhr ins Bett muss, muss Ole auch erst um acht. Dabei ist er drei Jahre jünger, und als Anna noch nicht mal vier war, musste sie immer schon um sieben ins Bett.
Da ist es ja klar, dass Mama Ole lieber hat, immer nimmt sie Ole in Schutz und niemals beschützt sie Anna.

Text: Kirsten Boie
Bilder: Silke Brix-Henker

Tim und Pia: ganz allein

Tim und Pia streiten. Oft! Wie das bei Geschwistern
eben so ist. Leider ziemlich oft!
„Her mit meinem Teddy, Großklotz!“, kreischt der Tim.
„Weg von meinem Schulheft, Babyklein!“, kreischt die Pia.
Sie raufen und kneifen, sie kratzen und beißen.
Bis beide heulen. Tim und Pia.
Und Mama und Papa seufzen!
Brave Kinder, das wäre schön! Stille Kinder, das wäre schön!
Nur, das Leben ist nicht so, für Kinder nicht
und für Eltern schon gar nicht. Bis die es satt haben!
Eines Tages und ganz plötzlich!
„Ich gehe!“, schreit Mama. „Ich halte es nicht mehr aus!“
„Ich gehe mit!“, schreit Papa. Und packt tatsächlich die Koffer.
Tim und Pia staunen. Die Eltern gehen wirklich!
Das kann man an den Koffern sehen.
„Für drei Tage“, schnauft Papa.

Textwerkstatt
Seite 180

2. Tag allein

3. Tag allein

Was Papa und Mama wohl machen?
„Sie haben uns vergessen“, sagt Tim, „bestimmt!“

Papa und Mama!
Da stehen sie.
Mit schweren Koffern
und beide ziemlich blass.
Da sind sie ja wieder.
Und viel zu früh!

Gudrun Mebs • Rotraut Susanne Berner

Väter und Mütter

Marieke, Saskia und Benjamin haben im Park zwischen den Sträuchern eine Hütte gebaut. Eine Hütte aus Ästen und Pappe. Auf dem Boden liegt eine Decke. Die hat Saskia mitgebracht. Benjamin macht ein ernstes Gesicht. Er ist der Vater. Marieke ist die Mutter und Saskia das Kind.

„Ich muss zur Arbeit“, sagt Benjamin. „Ist mein Brot fertig?“

„Was für ein Brot?“, fragt Marieke.

„Mein Brot für die Mittagspause natürlich“, sagt Benjamin.

„Das kannst du dir selber machen“, antwortet Marieke.

Benjamin setzt sich auf die Decke.

„Du sollst richtig spielen“, schimpft er.

„Väter nehmen immer Brote mit.“

Saskia nickt. „Mein Vater auch.“

„Ja, mein Vater auch“, sagt Marieke. „Aber er macht sie selber.“

„Weil du keine Mutter hast“, sagt Benjamin.

„Doch!“, ruft Marieke. „Leontine!“

„Aber sie ist nicht deine richtige Mutter“, sagt Saskia.

„Richtige Mütter machen Brote für die Väter.“

„Ist schon gut.“ Marieke seufzt. „Hier ist dein Brot.“

Sie gibt Benjamin einen Stein. „Was ist drauf?“

„Was weiß ich“, knurrt Marieke. „Käse oder so ähnlich.“

„Das mag ich nicht.“ – „Dann eben Schokoladenstreusel.“

„Milch oder bitter?“ „Bitter!“

„Gott sei Dank.“ Benjamin steckt das Brot seufzend in seine Tasche.

„Dann bis heute Abend. Tschüss Mutter, tschüss Kind.“

Die beiden winken ihm nach.

Kurz darauf kommt er zurück.

„So, da bin ich wieder. Ist das Essen fertig?“

Textwerkstatt
Seite 174, 181

„Was?“, sagt Marieke erstaunt. „Du hast erst gerade ein Brot mit Schokoladenstreuseln bekommen!“

„Das war heute Morgen“, sagt Benjamin ungeduldig.

„Jetzt will ich mein Abendessen.“

„Ich auch“, sagt Saskia.

„Ich habe aber nichts zum Essen“, sagt Marieke.

Benjamin schaut verzweifelt.

„Das geht nicht. Mütter kochen für die Väter.“

„Jeden Tag?“, fragt Marieke.

Benjamin und Saskia nicken.

„Dann werde ich nie Mutter“, sagt Marieke fest entschlossen.

„Bei uns kocht Kees auch. Und ich.“

„Haha“, lacht Benjamin. „Ein Mann, der kocht.“

„Das ist aber doof.“ Saskia grinst auch.

Marieke geht wütend weg. „Ihr seid selber doof!“, ruft sie.

Sie hört, wie Benjamin und Saskia lachen. Das macht nichts, denkt sie. Abwechselnd kochen macht viel mehr Spaß. Aber das verstehen die beiden natürlich nicht. Sie können ja nicht einmal kochen.

Henk Hokke

Wochenende bei Papa

Jenny wohnt mit ihrer Mama in einem großen Haus in der Stadt.

Jennys Papa wohnt in Butzbach. Das ist ein kleines Dorf. Ab und zu fährt Jenny ihn besuchen. Sie freut sich und packt ihren Rucksack.

Das Bauernhaus, in dem Papa wohnt, liegt in einem großen Garten. Auch hier hat Jenny ein kleines Zimmer.

Mephisto, der Kater, ist Jennys Freund. Er streicht um ihre Beine und schnurrt, wenn er gestreichelt wird. Papa hat auch zwei Schafe, die weiden hinter dem Haus. Jenny und Papa spielen mit ihnen.

Die Beeren sind schon reif. Sie essen köstliche, riesengroße Himbeeren.

Nach dem Abendbrot ruft Mama an. „Ich bin jetzt bei Tante Bea", sagt sie.

Jenny erzählt von den Schafen, von Mephisto und den dicken Himbeeren.

„Ich male dir ein Bild", verspricht sie.

Mama freut sich.

„Schlaf schön, meine Kleine", sagt sie.

„Übermorgen sehen wir uns wieder."

Jenny ist auf einmal ganz müde und Papa bringt sie zu Bett.

Er liest ihr die Geschichte von dem kleinen Mädchen vor, das ganz allein seine Großmutter besucht.

Wie gemütlich es bei Papa ist!

Jenny kuschelt sich in ihr Kopfkissen. Bevor sie einschläft, murmelt sie: „Dich habe ich am liebsten und Mama habe ich auch am liebsten."

Wolfgang Bittner

Textwerkstatt
Seite 177

Mama will ins Kino

Mama will ins Kino gehen,
aber Max und Julia
wollen nicht allein bleiben.

Mama ruft bei Papa an.
„Kannst du kommen?“,
fragt Mama.
Aber Papa kann nicht kommen,
er muss noch arbeiten.

Mama ruft bei Oma an.
„Kannst du kommen?“,
fragt Mama.
Aber Oma kann nicht kommen,
ihr Bein tut weh.

Mama ruft bei Anita an.
Anita ist Mamas Freundin.
„Kannst du kommen?“,
fragt Mama.
Anita lacht.
„Gib mir mal die Julia“,
sagt Anita.

Anita redet mit Julia.
Julia hört lange zu.
Dann sagt sie: „Ja, gut!“
Julia gibt Mama den Hörer.

Mama hört lange zu.
Dann sagt sie: „Ja, gut!“
Und dann sagt sie noch:
„Toll! Bis gleich!“

Mama geht ins Kino
zusammen mit Anita.
Und Julia bleibt bei Max.
Toll!

Ute Andresen

Manchmal wär ich gern …

Manchmal wär ich gern ein Tiger.
Mein kleiner Bruder Simon
darf dann immer auf mir reiten.
Wenn Simon
in der Nacht Angst hat,
dann schlüpf ich zu ihm ins Bett
und beschütze ihn.
Er kuschelt sich an mein Fell
und ich erzähle ihm
eine Geschichte
aus dem Dschungel.

Erhard Dietl

Die Sonntagmorgenmeise

Die Meise hat aufs Dach gepickt.
So?
Die Meise hat mich wachgepickt.
Und dann?
Dann habe ich mich wachgeblickt.
Und nun?
Nun bin ich hier.
Was wirst du tun?
Darf ich ins Bett zu dir?

Reiner Kunze

Textwerkstatt
Seite 177

Die kleine Oma

Max macht einen Ausflug
mit der Klasse.
Oma bringt ihn zum Bus.
Max drückt Omas Hand.
Er freut sich.
Gleich sind sie am Bus.
Max sieht schon
die anderen Kinder.
Da lässt Max Omas Hand los.
„Du kannst jetzt gehen“,
flüstert er.
„Aber warum?“, fragt Oma.
„Weil du so klein bist.
Und weil du immer einen
Rock anhast. Claras Oma
hat bunte Hosen an.
Und sie hat einen
Pferdeschwanz.
Das ist toll.“
Max geht alleine weiter.

Oma schüttelt den Kopf.
Sie ist traurig.
Clara läuft Max entgegen.
„Hallo, Max!“, ruft sie.
„Warum geht deine Oma
denn schon?“
Sie rennt hinter ihr her.
„Hallo, Frau Schulze!“
Max' Oma bleibt stehen.
Clara nimmt sie an der Hand.
Sie zieht sie mit sich zurück.
„Sie müssen meiner Oma
erklären, wie Ihre Kekse
gehen“, sagt sie.
„Deshalb habe ich
auf Sie gewartet!“
Da kommt auch Max wieder.
Ganz langsam.
Er schaut seine Oma an
und nimmt ihre Hand.
„Du kannst eben gut Kekse
backen. Und Claras Oma hat
dafür bunte Hosen an“,
flüstert Max.
„Und sie hat einen
Pferdeschwanz“, sagt Oma
und zwinkert Max zu.

Elisabeth Zöller

Erstens, zweitens, drittens

Katrins Opa ist voriges Jahr gestorben. Katrin hat ihren Opa sehr gern gehabt. Wenn er mit ihr spazieren ging, erzählte er ihr immer was. Mal redeten sie über die Sterne am Himmel. Mal über Tiere. Mal darüber, wie es war, als ihre Eltern noch Kinder waren. Mit anderen Leuten sprach Katrins Opa nicht so gern. Da schwieg er lieber, um besser nachdenken zu können, wie er sagte. Im Stadtpark wollte Katrin von ihrem Opa mal wissen, weshalb er ausgerechnet mit ihr so gern sprach. Da setzte er sich auf eine Bank und schwieg lange. Dann sagte er leise: „Erstens, weil ich dich sehr lieb habe." Das hatte Katrin sich schon gedacht. „Und zweitens?" „Zweitens, weil ich mich gern mit Leuten unterhalte, die noch neugierig sind." Das hatte Katrin noch nicht gewusst. Aber ihr Opa hatte Recht: Sie war unheimlich neugierig und hätte am liebsten alles gewusst. Sie konnte sich gar nicht vorstellen, dass es Menschen gab, die nicht neugierig waren. Ihr Opa jedoch sagte, unter den Erwachsenen gäbe es davon sehr viele, und sie glaubte ihm. „Und drittens?", fragte sie weiter, denn sie dachte sich, dass noch etwas kam. Katrins Opa überlegte erst wieder.

Dann sagte er: „Drittens, weil ich möchte, dass du später mal an mich denkst.“

Mit „später“ meinte Katrins Opa die Zeit nach seinem Tod. Katrin begriff das sofort. Weil sie aber nicht gern daran dachte, dass sie ihre Großeltern irgendwann nicht mehr haben würde, fragte sie nicht weiter danach.

„Ich möchte“, sagte ihr Opa da zu ihr, „dass du dich später an die vielen Dinge erinnerst, die wir zusammen gemacht und über die wir gesprochen haben. Dann kannst du eines Tages deinen Kindern von Oma und mir erzählen. Und deinen Enkeln. Auf diese Weise werden wir lange nicht vergessen.“

Klaus Kordon

Du

Ich geh in deinem Gesicht spazieren.
Alles ist vertraut:
dein Mund,
deine Nase.
Ich fühle
die weiche Haut
und muss halten
bei den lachenden Augen.
Ich zähle die kleinen Falten.
Kuschle mich
in deinen Arm,
fühl mich geborgen.
Du bist so warm.

Regina Schwarz

Als mein Krokodil baden ging

Eva durfte bei
Oma schlafen.
„Habe ich dir schon
von meinem Krokodil
erzählt?"

„Nein!", rief Oma
erstaunt.

„Also, wir waren
doch in den Ferien
an der Nordsee.
Da habe ich am
Strand im nassen Sand
ein Krokodil gebaut.
Mit einem riesigen
Maul. Denn das haben
Krokodile.
Ich sammelte
Miesmuscheln.
Das wurden dann
seine Zähne.
Und dann steckte ich
helle Herzmuscheln
auf seinen Schwanz.
Die sahen aus wie
echte Schuppen!
Richtig toll!

Textwerkstatt
Seite 183

Als das Krokodil fertig war, wollte ich ihm ein Eis holen. Glaubst du, Krokodile mögen Eis?
Ich stand am Eisbüdchen, als ich die Wellen kommen sah. Die Flut schäumte sie immer näher auf den Strand. Gleich würden sie mein Krokodil erreichen.
Ich lief schnell zurück und grub einen tiefen Graben um mein Krokodil.
Ich schaufelte einen Damm und klopfte ihn fest. Aber das nutzte alles nichts. Das Wasser sickerte in den Graben.
Der Damm brach entzwei. Schon leckte das Wasser an seinen Füßen, bald kitzelte es seinen dicken Bauch …

Und da passierte es: Eine große Welle riss mein Krokodil einfach mit sich ins Meer."

„Oh!", rief Oma. „Da warst du sicher sehr traurig."
Eva schüttelte den Kopf. „Eigentlich nur ganz kurz", sagte sie. „Denn weißt du, ein Krokodil ertrinkt ja nicht."

Text: Gerlinde Wiencirz
Bilder: Daniele Winterhager

Für den Stein in meiner Hand

Lässt dich nicht erdrücken ...
Bist hart!
Lässt dich sanft streicheln ...
Bist weich!
Fliegst durch die Luft ...
Bist leicht!
Fällst auf die Erde ...
Bist schwer!
Liegst im Gras und wartest ...
Bist geduldig!
Schmiegst dich in meine Hand ...
Bist zärtlich!
Hast Sonne in dir ...
Bist warm!
Hast Mond in dir ...
Bist kühl!
Zeigst nach dem Regen
seltsame Farben.
Gehst dem tiefen Wasser
auf den Grund.
Lässt dich fallen,
wie du bist ...
Du gefällst mir!

Fredrik Vahle

Textwerkstatt
Seite 184

Die Schaukel

Wie schön sich zu wiegen,
die Luft zu durchfliegen
am blühenden Baum!
Bald vorwärts nach oben,
bald rückwärts gehoben,
es ist wie im Traum!

Heinrich Seidel

Fichten schaukeln

Fichten schaukeln,
Lärchen schaukeln
Sanft im Winde hin und her.

Züge schaukeln,
Masten schaukeln,
Schiffe schaukeln auf dem Meer.

Du musst schaukeln,
Ich muss schaukeln.
Alles schaukelt hin und her.

Lennart Hellsing

Kartengrüße aus den Ferien

An den Papa

Pa, ich schreibe dir aus Bern,
und das heißt: Ich bin dir fern.
Dabei hab ich dich so gern
wie sonst keinen andern Herrn.

An die Mama

Liebe Mama, hier auf Föhr
gibt es jede Menge Meer.
Aber du – du fehlst mir sehr.
Komm doch her.

An die Oma

Oma, diese Fahrt ist klasse.
Und dank dir bin ich bei Kasse,
kann mir mal was extra gönnen,
lern dabei die Gegend kennen,
denk an dich und hab dich lieb –
tschüss, dein Enkel, der dir schrieb.

Irmela Brender

Textwerkstatt
Seite 184

Die Glücksritter-Bande

In den letzten Ferien konnte unsere Familie leider nicht verreisen. Das Geld hat nicht gereicht. Am Anfang war ich etwas traurig. Aber dann haben Caspar, Nitschma, Samuel und ich die Glücksritter-Bande gegründet.

Da gingen die Ferien erst richtig los! Das Allerbeste war das Goldsuchen am Pechbach. „Eine Flaschenpost!", rief Nitschma plötzlich. „Von ganz weit her! Von einem Piraten!" Es war ganz schön kniffelig, die Nachricht aus der Flasche zu fummeln. Und dann diese Enttäuschung! Wir schauten uns mit großen Augen an. Der Pirat muss eine Meise gehabt haben …

Auf dem Zettel stand:

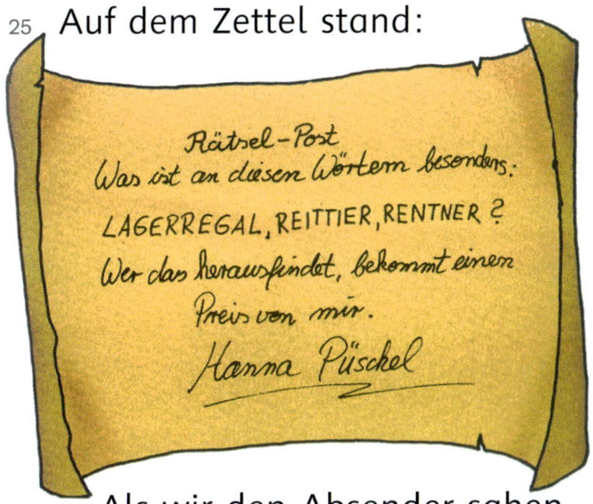

Als wir den Absender sahen, wurden unsere Augen noch größer. Der Pirat war unsere Klassenlehrerin! Frau Püschel! Es war gar nicht so einfach, Frau Püschels Rätsel zu lösen. Schließlich schafften wir es doch. Der Preis war ein Buch. Und weil wir vier Schatzsucher waren, wurden vier Bücher draus. Ein richtiger Bücherschatz!

Findest du auch heraus, was an den drei Wörtern so besonders ist?

Christina Koenig • Katja Kersting

Eine Sommerüberraschung

An einem heißen Sommertag gehen Ulrike und Ulli mit ihren Eltern ins Schwimmbad. „Ich geh schwimmen“, ruft Ulrike. „Gute Idee!“, sagt Vater. „Da komm ich gleich mit.“ Vater, Ulrike und Ulli gehen ins Wasser. „Brrr, ist das kalt!“, ruft Ulli. Sie spielen und planschen. Als sie aus dem Wasser kommen, spritzen sie Mutter nass. Dann spielen sie zusammen Fangen. Der Nachmittag ist schnell vorbei. „Trocknet euch bitte gut ab“, sagt Vater, „sonst erkältet ihr euch. Wir müssen jetzt nach Hause gehen.“ „Die Haare können wir doch von der Sonne trocknen lassen!“, ruft Ulli. „Nein, die Haare werden abgetrocknet. Und vergesst nicht die nassen Badehosen auszuziehen!“, bestimmt Vater. Ulli und Ulrike ziehen sich um. Alle gehen nach Hause. Auf dem Heimweg fängt es plötzlich an zu regnen. Es regnet so heftig, dass alle Kleider ganz nass werden. Endlich sind alle zu Hause angekommen. Ihre Haare tropfen vor Nässe. Ulrike lacht und sagt: „Da hätten wir ja gleich die nassen Sachen anbehalten können.“ „Und die Haare hätten wir auch nicht abzutrocknen brauchen“, sagt Ulli. Er schüttelt lachend seinen Kopf, dass die Wassertropfen durch die Wohnung spritzen.

Knister und Paul Maar

Gewitter

Der Himmel ist blau
Der Himmel wird grau
Wind fegt herbei
Vogelgeschrei
Wolken fast schwarz
Lauf, weiße Katz!
Blitz durch die Stille
Donnergebrülle
Zwei Tropfen im Staub
Dann Prasseln auf Laub
Regenwand
Verschwommenes Land
Blitze tollen
Donner rollen
Es plitschert und platscht
Es trommelt und klatscht
Es rauscht und klopft
Es braust und tropft
Eine Stunde lang
Herrlich bang
Dann Donner schon fern
Kaum noch zu hörn
Regen ganz fein
Luft frisch und rein
Himmel noch grau
Himmel bald blau!

Erwin Moser

Regenlied

Regen fällt vom Himmel,
grün wird jedes Gras,
Regen fällt vom Himmel,
macht den Kindern Spaß.

Regen ist ein Besen,
fegt die Luft ganz rein,
springt auf unsre Nasen
und wäscht jeden Stein.

Sonne möchte schimmern,
wird was Schönes draus:
Regenbogen flimmern
über unserm Haus.

Sarah Kirsch

Textwerkstatt
Seite 185

Wüstenfreunde

Das Kamel und der Esel lebten zusammen in der Wüste.
Sie teilten sich Arbeit und Futter: Tagsüber schleppten sie schwere Lasten und abends knabberten sie am bitteren Wüstenkraut. Tagsüber brannte die Sonne auf ihr Fell und nachts wurde es so bitterkalt, dass sie sich eng aneinander kuschelten.
Um Hunger und Kälte zu vergessen, erzählten sie einander Geschichten.
Das Kamel hörte am liebsten die von der Zukunft, in der es keinen Hunger und keine Kälte mehr geben würde.

Eines Nachts sagte es zum Esel: „Ich will nicht mehr länger auf diese wunderbaren Zeiten warten. Gleich morgen gehe ich zum Marabu und frage ihn, wann die Zukunft anfängt.“
Der Marabu konnte die Zukunft aus den heiligen Kichererbsen lesen.
Er warf dem Kamel die Erbsen aus und sortierte sie mit dem Schnabel. Dann schwieg er eine Weile.
„Ich sehe deine Zukunft“, sagte er schließlich. „Du wirst mit einem, der viel mit dir gemeinsam hat, an einem paradiesischen Ort leben.“

Das Kamel machte vor Freude einen Bocksprung.
„Und wer ist dieser eine?“, fragte es aufgeregt.
„Das verraten die heiligen Kichererbsen nicht“, sagte der Marabu. „Tut mir leid. Aber du wirst ihn schon finden.“
„Ich fang gleich an zu suchen“, sagte das Kamel. „Es wird höchste Zeit, dass die schöne Zukunft anfängt.“

Das Kamel wanderte acht Tage und acht Nächte durch die Wüste, aber es begegnete niemandem. Endlich, am neunten Tag, traf es das Pferd.
„Guten Tag“, sagte das Kamel zum Pferd.
„Was meinst du, haben wir beide etwas gemeinsam?“

Am Ende des Buches …

Text: Bettina Obrecht
Bilder: Katrin Engelking

Wie die „Wüstenfreunde“ entstanden

Wer von Ihnen hatte die Idee zu der Geschichte?

Katrin

Auf einer Reise durch Marokko
haben mir die Kamele besonders gefallen.
Also habe ich mir von Bettina
eine Geschichte mit einem Kamel
in der Hauptrolle gewünscht.
Damals hatten wir schon einige Bücher
zusammen gemacht.

Bettina

Ich habe mir vorgestellt, dass alle Tiere in der Wüste
vom grünen Paradies träumen.
Und so habe ich das Kamel auf die Suche danach geschickt.
Und weil man ganz allein weder in der Wüste noch im grünen Paradies
fröhlich sein kann, hat das Kamel einen Freund bekommen: einen Esel.
Die Geschichte war am Anfang viel zu lang. Ich musste viele
ganz lustige Ideen wieder wegstreichen, weil auf den Buchseiten
ja viel Platz für die Bilder bleiben sollte.

Haben Sie gemeinsam an der Geschichte und an den Bildern gearbeitet?

Das haben wir auch schon einmal gemacht.
Aber meistens läuft es so wie bei den Wüstenfreunden:
Ich schreibe ganz alleine den Text …

… und ich male anschließend ganz alleine die Bilder.
Ich frage bei Bettina nur nach, wenn eine meiner Ideen
Auswirkungen auf den Text hat.

Ja, so wie an der Stelle, an der Pferd und Kamel Menschen durch die Wüste tragen.

„Wüstenfreunde“ hätte ja auch ein Märchen aus ferner Zeit sein können. Dann hätten diese Menschen natürlich nicht wie moderne Touristen aussehen dürfen. Vom Verlag bekomme ich genaue Vorgaben, wie viele Seiten das Buch haben wird, wo schon Text steht und wo die Bilder ihren Platz haben. Das sieht etwa so aus wie auf dem Bild: Mit Bleistift zeichne ich um den Text herum mein Bild vor. Ich muss genau aufpassen, dass alles – zum Beispiel Kleidung und die Haarfarbe – mit dem Text übereinstimmt. Und dann gebe ich die Bilder beim Verlag ab. Monate später bekommen Bettina und ich die ersten Probedrucke. Und kurz danach das fertige Buch.

Und dann telefonieren wir miteinander und freuen uns, dass das Buch so schön geworden ist!

Bettina Obrecht • Katrin Engelking

Bettina Obrecht im Gespräch mit Kindern

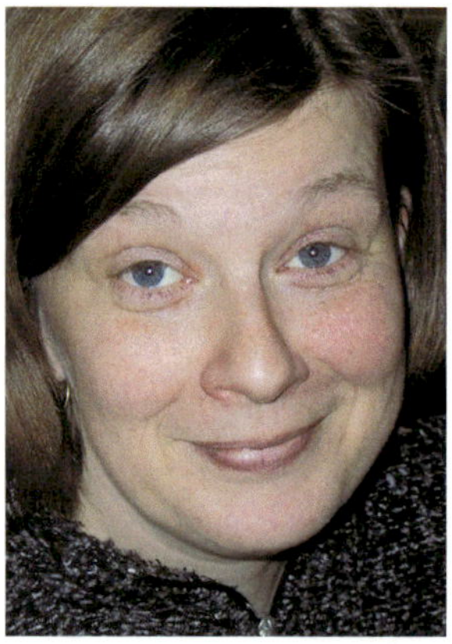

Wie sind Sie zum Bücherschreiben gekommen?

Als Kind war ich eine richtige Leseratte. Lesen war für mich ein Abenteuer. Ich lernte Menschen, Städte, Länder, Tiere kennen, erlebte mit ihnen spannende, lustige, traurige Dinge. Aber wenn dann das Buch irgendwann zu Ende war und auf einen Schlag alles vorbei war, lag ich wieder allein zu Hause auf meinem Bett. Diesen Moment fand ich immer sehr traurig. Und da habe ich angefangen selbst Geschichten zu schreiben. Ich war in der dritten Klasse.
Von da an waren die Freunde aus den Geschichten jederzeit für mich da. Ich konnte immer einen Hund haben und auf einer Insel leben oder mir sonst irgendeinen Wunsch erfüllen.

Ist Bücherschreiben ein schöner Beruf?

Klar, ich habe ihn mir ja ausgesucht.

Wie sieht Ihr Arbeitstag aus?

Am liebsten arbeite ich vormittags. In meinem Arbeitszimmer stehen mein Schreibtisch mit dem Computer und auch Regale mit meinen Lieblingsbüchern. Aber in diesem Zimmer müssen auch Dinge sein, die ich gerne anschaue: Bilder und Fotos, Andenken von meinen Reisen und Dinge aus meiner Kindheit. Einfach Gegenstände, die ich gerne mag. Ich brauche auch viel Sonne in meinem Zimmer, damit ich Geduld habe und am Schreibtisch sitzen bleibe.
Wenn ich eine Geschichte anfange, habe ich meistens nur eine ganz ungenaue Vorstellung davon, wie sie weitergehen soll.
Fast immer entwickelt sich beim Schreiben alles „von selbst" weiter. Genaue Pläne mache ich mir nie.

Wo kommen die Ideen her?

Manchmal aus dem, was ich erlebt und beobachtet habe, manchmal auch aus meiner Fantasie.

Was für Bücher schreiben Sie?

Ich schreibe fast immer Alltagsgeschichten. Also, es kommen ganz normale Kinder, Eltern, Hunde ... darin vor. Ein Thema, das wiederholt auftaucht, sind Außenseiter: Menschen, die „irgendwie anders" sind als die meisten anderen und die deswegen Schwierigkeiten kriegen. So was ärgert mich nämlich immer. Die Welt wäre öde, wenn alle Menschen gleich wären und das Gleiche denken und machen würden! Wichtig ist mir vor allem eins: Über meine Geschichten soll man nachdenken, aber auch mal lachen können.

Wie wird man Schriftstellerin?

Den Schriftstellerberuf kann man nicht so lernen wie andere Berufe. Vieles muss man sich selbst beibringen. Es ist wichtig, viel zu lesen, denn dadurch bekommt man ein besseres Gefühl für die Sprache.

Zum Weiterlesen:

Katrin Engelking – Werkstattbericht

Mein Assistent und ich …

… hier also meine Werkstatt.

Wörter, die für Büchermacher wichtig sind:

Acrylfarben	Kunststoff-Farben Gegenteil: Farben aus natürlichen Stoffen, z. B. Pflanzen
Aquarell-Buntstifte	besondere Buntstifte, die man mit Wasser vermalen kann
Assistent	jemand, der bei einer Arbeit hilft
Skizze	eine erste Zeichnung, oft mit Bleistift
Umbruch	den fertigen Text auf die einzelnen Buchseiten verteilen
Verlag	stellt Bücher her

Wenn ich den Text-Umbruch vom Verlag bekommen habe, weiß ich, wie viel Platz für die Bilder zur Verfügung steht. Die Skizzen mache ich entweder direkt darauf oder auf darüber gelegtes Papier.

Die pause ich dann auf Transparentpapier durch. Das dreh ich um und bemale die Rückseite mit Aquarell-Buntstiften. Mit Kuli drücke ich die Zeichnung auf Aquarellpapier durch.

Die Buntstiftstriche verschmutzen vor allem die helleren Acrylfarben nicht so wie Bleistift.

Und dann:
endlich lospinseln!

Lesen üben und Texte besser verstehen

Seite 6/7

Ich liebe Bücher

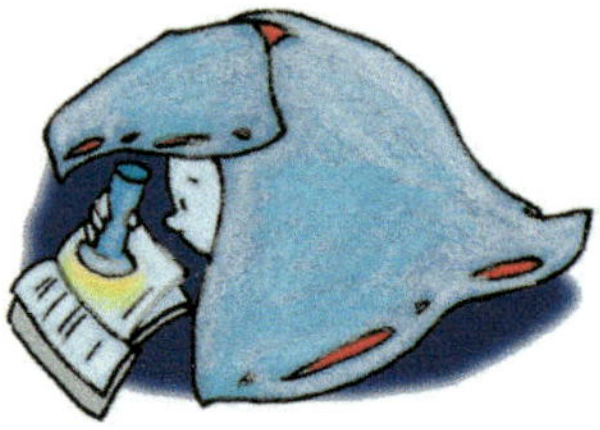

Ich lese.
Ich lese gerne.
Ich lese gerne heimlich.
Ich lese gerne heimlich abends.
Ich lese gerne heimlich abends im Bett.
Ich lese gerne heimlich abends im Bett einen Krimi.

Ich liebe Bücher.
Ich liebe Bilderbücher
Ich liebe Schiffsbilderbücher.
Ich liebe Piratenschiffsbilderbücher.

Ich liebe Bücher.
Ich liebe spannende Bücher.
Ich liebe dicke, spannende Bücher.

Probiere selber einen Satz zu schreiben, der immer länger wird.
Aber aufgepasst: Jede Zeile soll einen Sinn ergeben.

Seite 22/23

Wenn ich mir etwas wünschen könnte

Erzähle einem Partnerkind, wie die Geschichte richtig heißt.

Die dicke Barbara war unzufrieden.
Sie ging nun das dritte Jahr in die Schule.
Sie konnte nicht gut rechnen und schreiben.
Aber sie konnte gut lesen.
Als sie einmal nachts erwachte
und eine Kerze anmachte,
sah sie eine große Fee.
„Du darfst dir etwas wünschen“, sagte die Fee.
Da bekam Barbara Angst. Sie wünschte sich ...

Du kannst die richtige Geschichte auch aufschreiben.

Lesen üben und Texte besser verstehen

Seite 26/27

Malte ist schüchtern

Schreibe die vier richtigen Sätze in dein Heft.

Das Kind heißt Anna.
Das Kind heißt Hanna.

Sie geht gerne zur Schule.
Sie geht nicht gerne zur Schule.

Kevin und Jessi sagen, Malte ist ein Trottel.
Kevin und Jessi sagen, Malte ist kein Trottel.

Herr Unser sagt, man darf nicht schüchtern sein.
Herr Unser sagt, man darf schüchtern sein.

Seite 48

Hören – mit Ohren, Haut und Haaren • Anna und die Katze

Erzähle Anna und den anderen Kindern aus deiner Klasse über die wachen Ohren der Katze.

In dem Text Hören – mit Ohren, Haut und Haaren findest du mehr Informationen.

Seite 49–51

Alissas Geheimnis

Wie gehen die Sätze weiter? Schreibe sie in dein Heft.

Alissa wünscht sich schon …
Mama hat andere …
Papa wohnt …
Ein Haustier fällt …
Ihr gehört ein bisschen …
Ganz schön rund …
Darum soll sie …

Wie könnte die Geschichte weitergehen?

Lesen üben und Texte besser verstehen

Seite 71

Weihnachtszeit in den Niederlanden

Was ist in den Niederlanden in der Weihnachtszeit anders als in Deutschland?

Schreibe die Unterschiede mit einem Partnerkind auf.

Deutschland	Niederlande
Nikolaus	Sinterklaas
Helfer: Knecht Ruprecht	
Schlitten	
mehr Geschenke am Weihnachtsabend	
...	

Seite 96/97

Der Tollpatsch

Ergänze die Sätze und schreibe sie in dein Heft.

Die Oma geht mit Tobi ...
Im Laden entdecken sie ...
Aber auf einmal ...
Die Verkäuferin ruft: ...

Oma sagt: ...
Tobi und Oma gehen ...
Tobi braucht ...

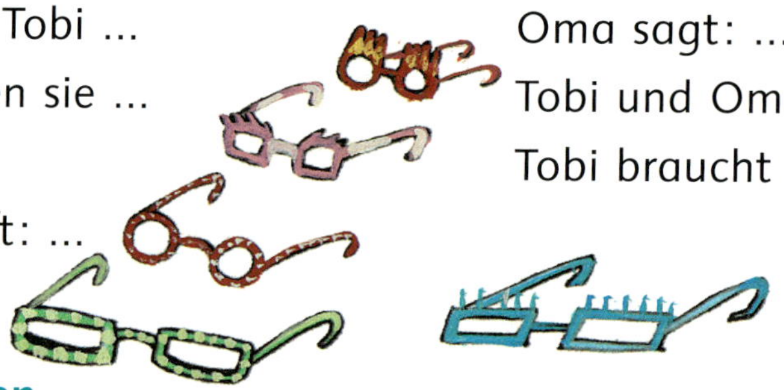

Seite 112

Brief aus den Ferien

Beantwortet die Fragen zu zweit. Lest im Text nach.

An wen schreibt Sophie? Warum sind Mama und Papa maulig?
Welche Familienspiele haben sie schon gespielt?
Was muss Sophie in den Ferien üben?

Oma schreibt eine Antwort an Sophie. Male und schreibe.

Lesen üben und Texte besser verstehen

Seite
122

Die jungen Amseln

Schreibe den folgenden Text richtig in dein Heft.

Im Sommer wird ein Nest gebaut.
Es wird von der Amsel ausgepolstert.
Dann beginnt die Amsel zu brüten.
Ist sie fertig, legt die Amsel Eier ins Nest.
Nach drei Wochen ist es so weit:
Die jungen Amseln schlüpfen aus dem Nest.
Sie haben flauschige Federn und müssen gefüttert werden.
Amseln gibt es bei uns nicht.

Seite
132/133

Ich und mein erster Garten

Schreibe die richtigen Sätze in dein Heft.

Das Haus, in dem ich wohnte, lag mitten in der Stadt.
Das Haus, in dem ich wohnte, lag am Rande der Stadt.

Die Wiese gefiel mir viel besser als der gepflasterte Hinterhof.
Die Wiese gefiel mir nicht besser als der gepflasterte Hinterhof.

In meiner Fantasie füllte sich der Hinterhof wieder mit Sand.
In meiner Fantasie füllte sich der Hinterhof wieder mit Blumen.

Alle mochten den Garten und wollten helfen.
Keiner mochte den Garten und keiner wollte helfen.

Seite
136

Tag und Nacht im Leben der Pflanzen

1. Schreibe Wörter aus dem Text heraus, die du nicht kennst.
2. Schlage die Wörter in einem Lexikon nach.
3. Erzähle von Tag und Nacht im Leben der Pflanzen.

Lesen üben und Texte besser verstehen

Seite 141

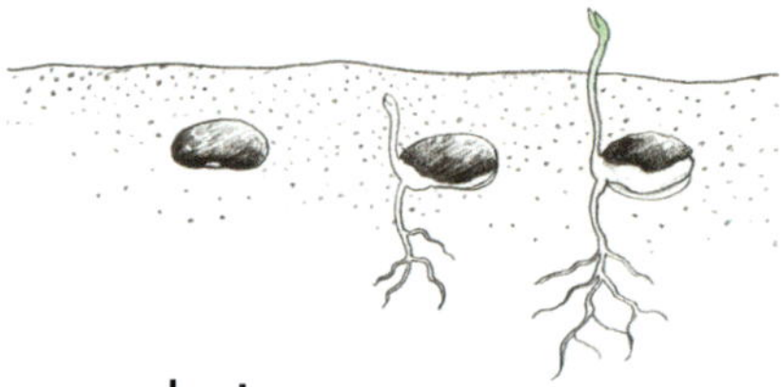

Was geschieht, wenn etwas keimt?

Beende die Sätze.

1. Diese drei Dinge braucht ein Samen, um zu keimen:
2. Der Sauerstoff, den Rosa braucht, kommt aus ...
3. Die Bohne Rosa wächst und wächst.
   Nach oben wachsen ... und nach unten ...
4. Rosa lebt am Anfang von ihrem eigenen Proviant.
   Das ist ...
5. Welcher Satz ist am allerschwersten zu beenden?

Schreibe die Sätze in dein Heft.

Seite 146/147

Väter und Mütter

Welche der folgenden Sätze passen zu Marieke?
Und welche passen zu Benjamin?

a) Mütter machen Brote für Väter.
b) Väter können ihre Pausenbrote selber machen.
c) Es macht Spaß, wenn man sich beim Kochen abwechselt.
d) Männer, die kochen, sind doof!
e) Nur die Frauen sollen im Haushalt arbeiten.
f) Männer und Frauen teilen sich die Hausarbeit.

1. Benjaminsätze: *Männer ...*
2. Mariekesätze: *Männer ...*

Fallen euch noch mehr Sätze ein?

Zu Texten schreiben und erzählen

Seite 28

Der Platz neben Connie

Stell dir vor, du wärst Connie.

Schreibe Flopsi einen Brief, in dem du ihr schreibst, wie du dich heute gefühlt hast.

Seite 34/35

Lieber Paul! Liebe Susi!

Susi schlägt Paul vor: Wenn du zum Schreiben zu faul bist, schicke mir eine Kassette mit deiner Stimme.

Mache es genauso: Erzähle von einem Wochenenderlebnis auf Kassette.

Seite 58–67

Märchenhafte Welten

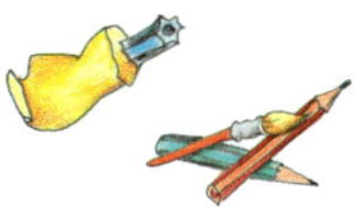

Bestimmt kennt ihr noch andere Märchen.
Macht euch ein Märchen-Klapp-Büchlein.
Teilt euch ein Blatt auf:
Oder lasst euch von eurer Lehrerin solche Seiten geben.

Auf jedes Blatt schreibt ihr einen Märchensatz.

Wenn ihr genug schöne Seiten habt, heftet sie zusammen und schneidet die Streifen ein.

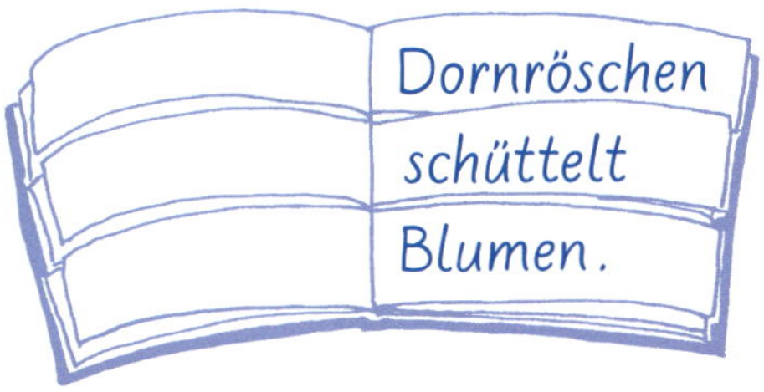

Nun könnt ihr immer wieder eure Sätze lesen.
Oder spaßige Sätze aufklappen. Vielleicht denkt ihr euch zu den Spaßsätzen ein eigenes Märchen aus?
Erzählt es, schreibt es auf, malt dazu.

Zu Texten schreiben und erzählen

Seite 89

Was zwischen Morgen und Abend passiert

Setze die Geschichte fort.
Was könnte noch alles um 16.48 Uhr passieren?
Oder um 10.23 Uhr.

Schreibe deine Sätze auf.

Seite 101

Julia und Florian

Julia und Florian haben von sich erzählt.
Erzähle du von dir. So könnten deine Sätze anfangen:

Das bin ich:
Ich heiße ...
Geboren bin ich ...
Am meisten wünsche ich mir ...
Ich kann ganz gut ...

Ich gehe gerne ...
Ich mag nicht ...
In der Schule ...

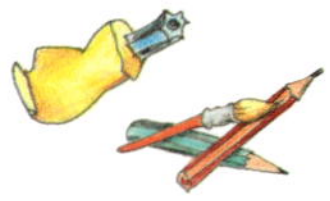

Male oder klebe ein Bild von dir dazu.

Aus kleinen Das-bin-ich-Texten
könnt ihr in der Klasse ein Spiel machen.

Jeder schreibt 3 bis 4 Sätze über sich
auf ein Blatt. Aber ohne Namen!
Alle Zettel werden gefaltet,
eingesammelt und gemischt.
Jeder zieht einen Zettel und liest ihn vor.
Zu welchem Kind passt der Text?

Ich bin ziemlich groß. Ich habe dunkle Haare. Mein Lieblingsbuch ist Pippi Langstrumpf. Ich habe einen Hund.

Zu Texten schreiben und erzählen

Seite 114/115

Elefantabet

In der Sendung mit der Maus gibt es verschiedene Figuren.
Schreibe ein Mausabet, ein Enteabet oder ein Maulwurfabet.

Drollig ist sie ...
Immer ...
E . . . .

M . . .
A . . .
U . . .
S . . .

Seite 148

Wochenende bei Papa

Wie ist es mit dir und deinem Papa?
Schreibe auf: **Mein Papa und ich**

Mit Papa handwerken

Mit Papa streiten

Mit Papa Fußball spielen

Mit Papa lesen

Papa ist nicht da

Seite 150

Manchmal wär ich gern ein Tiger

Manchmal wär ich gern ...

Was wärst du gerne?
Und was würdest du dann tun?
Schreibe auf.

Mit Texten umgehen

Seite 29

Sofie hat einen neuen Pullover

Es ist nicht leicht, anderen Menschen etwas Freundliches zu sagen.
Überlege dir, was du zu deinem Nachbarkind sagen kannst.
Was kann es besonders gut? Was findest du an ihm besonders nett?

Du kannst so gut lesen.

Du bist meistens so gut gelaunt.

SPIEL

Denke daran: Es muss etwas Freundliches sein.
Ihr könnt es auch als Wichtelspiel in der Klasse spielen:

1. Alle Namen auf Zettelchen schreiben und die Zettel mischen.
2. Jedes Kind zieht einen Namen.
3. Zu dem gezogenen Kind sagt ihr etwas Freundliches.

Auf dich kann man sich verlassen.

Seite 52/53

Franz und die Berta

Dieses Buch findest du sicher in der Stadtbücherei.
Es gibt dort auch noch andere Franz-Geschichten.

Wenn du eins der Bücher gelesen hast, kannst du dazu ein Lesetagebuch gestalten: Jedes Mal wenn du ein Stück gelesen hast, malst du oder schreibst etwas dazu in dein Lesetagebuch.

Mit Texten umgehen

Seite 64

Der goldene Schlüssel

Was könnte in dem eisernen Kästchen liegen?
Denke dir etwas aus. Male es.

Soll dein Bild ganz geheimnisvoll werden?
Dann mache es so:

1. Falte ein Zeichenblatt in der Mitte.
2. Male den Deckel des Kästchens auf die Seite A.
   Vergiss nicht das versteckte Schlüsselloch.
3. Auf die Seite B malst du zuerst einen Rahmen.
   Das ist der Rand des Kästchens.
   Was in dem Kästchen liegt, malst du oder klebst du dort hinein.

Bücher schreiben und malen

In jedem Kapitel dieses Lesebuches wird am Anfang ein Buch vorgestellt.
Bei diesen Büchern sind zwei Personen wichtig:
der Autor/die Autorin, der/die das Buch geschrieben hat und der Illustrator/die Illustratorin, der/die die Bilder dazu gemacht hat.

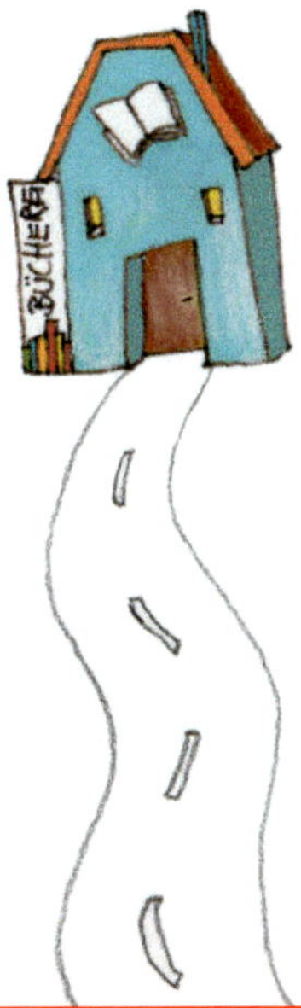

1. Suche aus 3 Kapiteln die Namen von Autor und Illustrator und schreibe sie auf.
2. Gehe in die Bibliothek (der Schule, der Stadt oder auch in den Bücherbus).
   Suche dort die Bücher, die du ausgewählt hast.
   Die Bibliothekare helfen dir bestimmt gerne.
   Findest du weitere Bücher der Autoren oder der Illustratoren?
3. Stelle ein Buch in deiner Klasse vor.

Zu Texten malen und Musik machen

Seite 9

Der A wie Anna-Rap

SPIEL

Nehmt euch Schlaginstrumente (Trommel, Claves, Rasseln ...) und spielt einen passenden Rhythmus.
Sprecht dazu das Alphabet oder ein eigenes.

A wie Anna B wie Bach ...

Seite 92/93

Jeder Tag hat eine Farbe

SPIEL

Spielt mit verschiedenen Instrumenten die Tage.
Wie klingt ein roter Tag? Wie ein blauer?

Seite 123

Mama, Mutti, Mami, Papi ...

Schreibe zum Muttertag selbst einen Text über den Namen deiner Mutter.
Wenn du ein schönes Schmuckblatt gestaltest, hast du ein passendes Geschenk.
(Und zum Vatertag auch.)

Meine Mama ist toll
Am tollsten
Meistens jedenfalls
A ...

Seite 144/145

Was Tim und Pia allein zu Hause erleben

Denke dir etwas aus, was du gerne zu Hause tun möchtest.

Dann male dein eigenes Allein-zu-Hause-Wunschbild.
Vielleicht wird es ein richtiges Quatsch-Bild.

Unsere Allein-zu-Hause-Wunschbilder

Zu Texten Theater spielen

Seite 40

Der Wind vor dem Richter

Diesen Text könnt ihr sehr gut mit verteilten Rollen lesen. Überlegt euch, wie viele verschiedene Sprecher ihr braucht. Wie können die verschiedenen Sprecher ihre Sätze betonen? Ärgerlich, fröhlich, nachdenklich, leise ...

VORTRAG

Ihr könnt die Geschichte auch wie ein Theaterstück spielen.

Auch die folgenden Texte eignen sich dafür:

Seite 62/63 **Rotkäppchen**

Seite 70 **Die Geschichte vom beschenkten Nikolaus**

Seite 77–79 **Eine Wintergeschichte**

Seite 118/119 **Frosch und Kröte**

Seite 120 **Der 1. April**

Seite 126–128 **Das Tierhäuschen**

Seite 129 **Wo bist du?**

Seite 130 **Pu der Bär**

Seite 131 **Das Waldhaus** (mit Begleitmusik)

Seite 146/147 **Väter und Mütter**

Spielt Mutter, Vater und Kind:

1. Wie es in Mariekes Familie ist.
2. Wie es in Benjamins Familie ist.

Zur Erleichterung sind die verschiedenen Sprecher mit unterschiedlichen Farben markiert.

Gedichte-Werkstatt • Gedichte vortragen

Gedichte sollte man immer sprechen.
Viele Gedichte kann man besonders gut vortragen,
wenn man sie auswendig kann.

VORTRAG

Lies das Gedicht laut.
Sprich es leise vor dich hin, übe es vor dem Spiegel.
Trage es anderen Kindern vor.

Seite 39

VORTRAG

Milder September

Überlege dir, welche Wörter man besonders betonen kann, wo man schneller oder langsamer spricht und wo man Pausen machen kann.

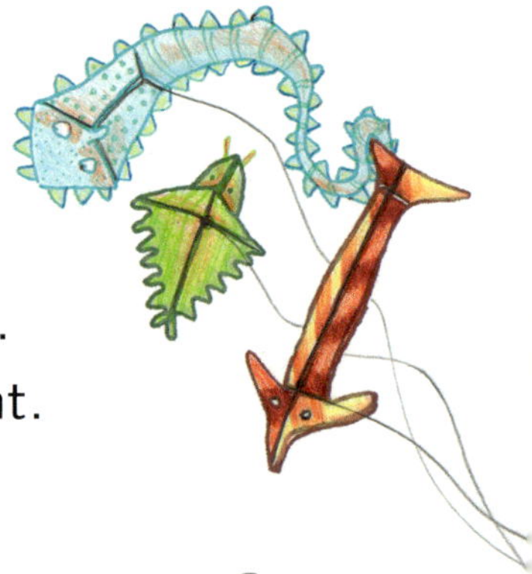

Seite 47

VORTRAG

Zauberkatze

Die Zauberkatze könnte manches, wenn sie wollte.
Lies diese besonderen Dinge auch besonders betont.

Seite 71, 74–76

Nikolausgedichte • Weihnachtsgedichte

Sicher ist sicher: Falls du einem Nikolaus begegnest, solltest du ein Verslein aufsagen können, und für Weihnachten übe ein anderes Gedicht. Übe mit einem Partnerkind.

Seite 134

VORTRAG

Was ist eine Wiese?

Dies ist ein langes Gedicht.
Wo kannst du beim Vortragen kurze oder längere Pausen machen?

Gedichte selber schreiben

Elfchen schreiben

Dies ist ein Elfchen-Bauplan: Elfchen sind Gedichte, die immer aus 11 Wörtern bestehen.

Darauf musst du achten:
Das erste und das letzte Wort sind am wichtigsten.
Jede Zeile nimmt einen neuen Anlauf.
Hier einige Beispiele:

Du kannst Elfchen schreiben zu:

- den Jahreszeiten: Frühling (Seite 116–123)
  Sommer (Seite 154–161)
  Herbst (Seite 36–43)
  Winter (Seite 68–81)
- Märchenfiguren: (Seite 58–67)

Oder auch Farb-Elfchen, Ich-Elfchen und, und, und ...

Gedichte selber schreiben

Seite 12/13, 19

Ix, ax, ux ...

Du kannst selbst Abzählverse erfinden,
zum Beispiel:

Bli, bla, blu, da steht eine Kuh,
bli, bla, blaus, du bist raus.

Eck – weg

Maus – raus

Ticke, tacke, tick, ... dick
Ticke, tacke, teck, ... weg

Macht es dir Spaß zu reimen? Dann lies auch die Abzählverse auf Seite 12 und 13 und Die Giraffen meiner Nachbarin auf Seite 19.

Seite 156

Für den Stein ...

Was hältst du gerne in deiner Hand?

eine Murmel?
schimmert
rauscht

kitzelt
sticht
eine Muschel?

eine Feder?
rund
glitzert
leuchtet

Schreibe ein Gedicht für die Murmel, die Muschel oder die Feder in deiner Hand. Oder für etwas anderes.

Seite 158

Kartengrüße

Schreibe auch Kartengrüße aus deinen Ferien.

Hallo Anna,
hier in Kiel
passiert heut
leider gar nicht viel.

Köthen – flöten

Rostock – Ziegenbock

Mosbach – Krach

Bodensee – Schnee

Tipp: Andere Städtenamen findest du auf Landkarten.

Zu Gedichten malen oder Geräusche erfinden

Seite 10

Reimbilder

Sucht euch selbst Reime und malt passende Bilder dazu:

Sand – Hand – Wand

Salz – Schmalz – Hals

Wind – Kind – Rind

Bild – …

Seite 76

Verkündigung

Malt zu dem Gedicht ein passendes Bild.
Hängt eure Bilder in der Klasse auf.
Schaut sie an und lest dabei noch einmal das Gedicht.

Seite 88

Morgen in der Stadt

VORTRAG

Welche Geräusche könnt ihr zu dem Gedicht machen?

Wecker klingeln, Türen klappern, Füße trippeln …

Vielleicht könnt ihr für manche Geräusche Instrumente oder Alltagsgegenstände benutzen.
Nehmt das Gedicht mit Geräuschen auf.

Seite 161

Gewitter

SPIEL

VORTRAG

Erfindet zu dem Gedicht eine Gewittermusik.
Malt dazu ein Ablaufbild.

So wollen wir spielen

Instrument		
Klang		
Text	Himmel: blau	grau

Inhaltsverzeichnis

Märchenhafte Welten

Winter

Zeiten und Räume

Das bin ich

www.freizeit

TW Textwerkstatt
☆ Gedicht
♪ Lied

Verfasser- und Quellenverzeichnis

149 **Andresen, Ute:** Mama will ins Kino. Aus: Wir sind vier! München: Deutscher Taschenbuch Verlag 1999
149 Mama mag Mäuse. Aus: ABC und alles auf der Welt. Ravensburg: Otto Maier Verlag 1984
81 **Arnold, Katrin:** Der Fasching bei Lutz. Aus: Ulrike Leutz-Penzold (Hg.): In allen Häusern, wo Kinder sind. München: Ellermann 1975
47 **Auer, Martin:** Zauberkatze. Aus: Was niemand wissen kann. Weinheim/Basel: Beltz Verlag 1991, Programm Beltz & Gelberg
148 **Bittner, Wolfgang:** Wochenende bei Papa (gek.). Freiburg, Wien: KeRLE im Verlag Herder 1999
140 **Björk, Christina:** Rosa, die schnellste Bohne der Stadt. Aus: Linnéa und die schnellste Bohne der Stadt. Übersetzung: Angelika Kutsch. München: Bertelsmann Verlag 1980. Mit Bildern von Lena Anderson
137 **Blum, Lisa-Marie:** Federball. aus: Der kleine Bär kann fliegen. Gütersloh: Mohn Verlag 1986
82 **Blume, Bruno:** Ein richtig schöner Tag (Auszug). Hamburg: Carlsen Verlag 2001. Mit Bildern von Jacky Gleich
132 **Bogacki, Tomek:** Ich und mein erster Garten. Aus: Ich, mein rotes Fahrrad und mein erster Garten (Auszug). Stuttgart: Verlag Freies Geistesleben 2000. Mit Bildern vom Autor
112 **Boie, Kirsten:** Brief aus den Ferien. Aus: Sophies schlimme Briefe. Hamburg: Oetinger Verlag 1995
143 Klar, dass Mama Anna lieber hat (Auszug). Hamburg: Oetinger Verlag 1994. Mit Bildern von Silke Brix-Henker
77 **Bolliger, Max:** Eine Wintergeschichte. Aus: Eine Weihnachtsgeschichte. Zürich-München: Artemis Verlag 1976
124 Hereinspaziert. Aus: Hans-Joachim Gelberg (Hg.): Die Stadt der Kinder. Recklinghausen: Georg Bitter Verlag 1969. Mit Bildern von Květa Pacovská
91 **Borchers, Elisabeth:** Das ist die Erde. Aus: Hans-Joachim Gelberg (Hg.): Die Stadt der Kinder. Weinheim/Basel: Beltz Verlag, Programm Beltz & Gelberg 1999
138 Juli. Aus: Und oben schwimmt die Sonne davon. München: Ellermann Verlag 1965
14 **Bosch, Gerald:** Was ist das? Aus: Superstarke Scherzfragen. Würzburg: Arena 2000
111 **Brandenberg, Aliki:** Mir ist langweilig. Aus: Gefühle sind wie Farben. Weinheim/Basel: Beltz Verlag, Programm Beltz & Gelberg 1987
158 **Brender, Irmela:** Kartengrüße aus den Ferien. Aus: War mal ein Lama in Alabama. Hamburg: Oetinger 2001
39 **Britting, Georg:** Goldene Welt. Aus: Westermanns Monatshefte, Heft 9. Braunschweig: Westermann Verlag 1954
6 **Browne, Anthony:** Ich liebe Bücher (Auszug). Übersetzt von Peter Baumann. Oldenburg: Lappan Verlag 1990. Mit Bildern vom Autor
74 **Busta, Christine:** Zieh dein Mützlein auf die Ohren. Aus: Die Sternenmühle. Salzburg: Otto Müller Verlag 1959
48 **Bydlinksi, Georg:** Anna und die Katze. Aus: Der dicke Kater Pegasus. Wien: Dachs Verlag 2000
123 Muttertagsstrophen. Aus: Ilse Walter (Hg.): Kinderzeit im Festtagskleid. Freiburg: Herder 1993
36 **Carle, Eric:** Nur ein kleines Samenkorn (gekürzt). Übersetzung: Tilde Michels. Hildesheim: Gerstenberg Verlag 2001. Mit Bildern des Autors
54 **Davis, Jim:** Garfield. Aus: Garfield spielt auf. Frankfurt: Krüger Verlag GmBH 1987. © Bulls Press, Frankfurt
150 **Dietl, Erhard:** Manchmal wär ich gern ein Tiger (Auszug). Ravensburg: Ravensburger Buchverlag Otto Maier 1985. Mit einem Bild des Autors
40 **Dreher, Oskar:** Der Wind vor dem Richter. Aus: Schores, H. (Hrsg.): Gedichte für die Grundschule. Frankfurt/M.: Diesterweg Verlag 1972
30 **Färber, Werner:** Auf dem kürzesten Weg (Auszug). Aus: Kleine Schulgeschichten. München: arsEdition 2000. Mit Bildern von Detlef Kersten
86 Sehnsucht nach Papa (Auszug). Aus: Geschichten von der Uhr. Bindlach: Loewe Verlag 1999. Mit Bildern von Angela Weinhold
89 **Forath, Günter / Harbert, Rosemarie:** Was zwischen Morgen und Abend passiert. Aus: Stundenbuch für Kinder. Geschichten und Gedichte rund um die Uhr. Mainz: Matthias-Grünewald-Verlag 1975
108 **Fuchs, Ursula:** Ich bin ein Baum (gek.). Aus: Ich bin etwas, was du nicht bist. Hamburg: Oetinger 1984
65 **Fühmann, Franz:** Lob des Ungehorsams. Aus: In diesem besseren Land. Rostock: Hinstorff Verlag 1966
9 **Gärtner, Hans:** Telefon-ABC. Aus: ABC-Geschichten. Bindlach: Loewe Verlag 2000
58 **Grimm, Jakob und Wilhelm:** Märchensprüche. Mit Abbildungen von Otto Ubbelohde. (© der Abbildungen: Marburg: N. G. Elwert Verlag 1922)
60 Die Sterntaler. Aus: Kinder- und Hausmärchen gesammelt durch die Brüder Grimm (3 Bde.). insel taschenbuch 829. Frankfurt a. M.: Insel Verlag 1974
62 Rotkäppchen – ein Rollenspiel (nach dem Märchen der Brüder Grimm bearbeitet von Gudrun Schulz)
64 Der goldene Schlüssel.
32 **Grosz, Christiane:** Einen Stich hat Josephine. Aus: Katze im Sack. Berlin: Der Kinderbuchverlag 1985
55 **Guggenmos, Josef:** Katzen kann man alles sagen. Weinheim/Basel: Beltz Verlag 1997
76 Verkündigung. Aus: Heinz-Jürgen Kliewer (Hg.): Die Wundertüte. Stuttgart: Philipp Reclam Verlag 1989
131 Das Waldhaus (mit Begleitmusik). Aus: Sonne, Mond und Luftballon. Weinheim/Basel: Beltz Verlag 1980, Programm Beltz und Gelberg
29 **Härtling, Peter:** Sofie hat einen neuen Pullover. Aus: Sofie macht Geschichten. Weinheim/Basel: Beltz Verlag 1980, Programm Beltz und Gelberg
90 **Hagen, Monique und Hans:** Die Nacht kommt. Aus: Wie sehr ich dich mag. Hamburg: Oetinger Verlag 2001. Mit einem Bild von Marit Törnqvist
91 Sterne.
113 **Hanisch, Hanna:** Enttäuscht. Aus: Der Geschichtenbaum. Stuttgart: Herold 1974
33 **Harranth, Wolf:** Ich hab was für dich. Aus: Macht die Erde nicht kaputt. Wien/Freiburg: Herder Verlag 1984
117 **Heine, Heinrich:** Leise zieht durch mein Gemüt. Aus: Werke und Briefe, Bd. 1: Gedichte. Berlin: Aufbau Verlag 1980
157 **Hellsing, Lennart:** Fichten schaukeln (gek.). Aus: Hans Baumann (Hg.): Ein Reigen um die Welt. Gütersloh: Sigbert Mohn Verlag 1965
19 **Herold, Gottfried:** Die Giraffen meiner Nachbarin. © beim Autor
80 Überraschung. Aus: Mein Emil heißt Dackel. Berlin: Der Kinderbuchverlag 1987
32 **Hofbauer, Friedl:** Mit dir. Aus: Dorothée Kreusch-Jacob: Rosen, Tulpen, Kieselstein. München: Ellermann Verlag 1989
134 Was ist eine Wiese. Aus: Georg Bydlinski (Hrsg.): Der Wünschelbaum. Freiburg/Wien: Herder Verlag 1984
22 **Hohler, Franz:** Wenn ich mir etwas wünschen könnte (gekürzt). München, Wien: Hanser 2000 Mit Bildern von Rotraut Susanne Berner
146 **Hokke, Henk:** Väter und Mütter. Aus: Marieke und Benjamin. Übersetzung: Jeanne Oidtmann-van Beek, Peter Oidtmann. Kevelaer: Anrich Verlag 1993
110 **Hughes, Richard:** Erklärung für spätes Heimkommen. Aus: Hans Baumann (Hrsg.): Ein Reigen um die Welt. Gütersloh: Sigbert Mohn Verlag, 1965
136 **Jacobs, Una:** Tag und Nacht im Leben der Pflanzen. Aus: Die Sonnen-Uhr. München: Ellermann Verlag 1983
84 **Jandl, Ernst:** fünfter sein. Weinheim/Basel: Beltz Verlag, Programm Beltz & Gelberg 1999. Mit Bildern von Norman Junge
95 **Johansen, Hanna:** Sei doch mal still (gek.). München/Wien: Carl Hanser Verlag 2001. Mit Bildern von Jacky Gleich
137 **Kahlau, Heinz:** Der Löwenzahn. Aus: Der Rittersporn blüht blau im Korn. Berlin: Der Kinderbuch Verlag 1999
117 **Kaléko, Mascha:** Der Frühling. Aus: Wie's auf dem Mond zugeht. Sigmaringen: Jan Thorbecke Verlag 1982
161 **Kirsch, Sarah:** Regenlied. © bei der Autorin
48 **Klever, Ulrich:** Hören - mit Ohren, Haut und Haaren (Auszug). Aus: Knaurs großes Katzenbuch. Die wunderbare Welt der Seidenpfoten. München: Droemer Knaur 1985
160 **KNISTER / Maar, Paul:** Eine Sommerüberraschung. Aus: Frühling, Spiele, Herbst und Lieder: C. Dressler Verlag 1999
159 **Koenig, Christina:** Die Glücksritter-Bande. Aus: Lesepiraten Feriengeschichten. Bindlach: Loewe Verlag 2001. Mit Bildern von Katja Kersting
135 **König, Hermine:** Eine schöne bunte Wiese. Aus: Das große Jahresbuch für Kinder. München: Kösel Velag 1994
71 **König, Olivia / Gödecke-Brosse, Heike:** Weihnachtszeit in den Niederlanden. Aus: Überall ist Weihnachten. München: Lentz Verlag in der F. A. Herbig Verlagsbuchhandlung 1997
88 **Könner, Alfred:** Morgen in der Stadt. Aus: Bilderzoo. Berlin: Altberliner Verlag 1983

152 **Kordon, Klaus:** Erstens, zweitens, drittens (gek.). Aus: Opageschichten. Bindlach: Loewes 1995

41 **Krenzer, Rolf:** Sankt Martin und der Bettler. Aus: Weihnachten im Kindergarten. Lahr: Edition Kemper im Verlag Ernst Kaufmann, 1983. © Rolf Krenzer, Dillenburg

39 **Krüss, James:** Milder September. Aus: Kalenderreigen. Wien/München. Annette Betz Verlag o.J.

96 **Kühl, Katharina:** Der Tollpatsch (gek.). Aus: Familiengeschichten. Bindlach: Loewe Verlag 1999

137 **Kunze, Reiner:** Blumenlied. Aus: Hans-Joachim Gelberg (Hrsg.): Geh und spiel mit dem Riesen. Weinheim/Basel: Beltz Verlag, Programm Beltz & Gelberg 1971

150 Die Sonntagmorgenmeise. Aus: Wohin der Schlaf sich schlafen legt. Gedichte für Kinder. Frankfurt a. M.: S. Fischer Verlag 1991. Originalgetreuer Abdruck in alter Rechtschreibung auf Wunsch des Autors.

161 **Kirsch, Sarah:** Regenlied. © bei der Autorin

44 **Lange, Monika:** Von Katzen, Hunden und Kleintieren (Auszug). Aus: Mit Katz und Hund auf Du und Du. Hamburg: Rowohlt Verlag, rororo Rotfuchs 2000. Mit Bildern von Nikolaus Heidelbach

68 **Lindgren, Astrid:** Weihnachten im Stall (Auszug). Übersetzung: Anna-Liese Kornitzky. Hamburg: Oetinger Verlag 2002. Mit Bildern von Lars Klinting

118 **Lobel, Arnold:** Frosch und Kröte. (Auszug). Neu erzählt von Tilde Michels. München: dtv 1998

33 **Maiwald, Peter:** Sonne, Mond und Sterne. Aus: Dorothée Kreusch-Jacob: Rosen, Tulpen, Kieselstein. München: Ellermann Verlag 1989

18 **Manz, Hans:** Was siehst du jetzt? (Textauszug, Titel geändert). Aus: Da kichert der Elefant. München/Wien: Nagel & Kimche im Carl Hanser Verlag 2003. Mit Illustrationen von Verena Ballhaus

24 Eine Buchstabengeschichte. Aus: Ein kleines o steht vor dem Zoo. Geschichten für Buchstabennarren. München/Wien: Nagel & Kimche im Carl Hanser Verlag 2000. Mit Illustrationen von Verena Ballhaus

110 Vor Müdigkeit umfallen. Aus: Lieber heute als morgen. Weinheim/Basel: Beltz Verlag, Programm Beltz&Gelberg 1988

126 **Marschak, Samuil:** Das Tierhäuschen. Eine Verserzählung von Samuil Marschak. In einer Nachdichtung von Johannes Bobrowski. Berlin: Der Kinderbuch Verlag o.J.

98 **Mayer, Mercer:** Da liegt ein Krokodil unter meinem Bett. (Text und Abbildungen, Auszug gek.). Übersetzung: Hans Georg Lenzen. Hamburg: Oetinger 1988

102 **Mebs, Gudrun:** Warum Mama aussieht wie ein Fußball! und ich oft Schokoladenpudding kriege. Aus: Mariemoritz. München: Deutscher Taschenbuch Verlag 1993. © Zürich: Verlag Nagel & Kimche 1988

144 Tim und Pia: ganz allein (Auszug, gekürzt). München: Deutscher Taschenbuch Verlag 1988. Mit Bildern von Rotraut Susanne Berner

121 **Michels, Tilde:** Günes erzählt von Ostern. Aus: Thomas, Güneç: Frühlingszeit, Osterzeit. München: Deutscher Taschenbuch Verlag 1987

130 **Milne, Alan Alexander:** Pu der Bär (Auszug). Übersetzung: Harry Rowohlt. Hamburg: Cecilie Dressler Verlag 1998. Mit einem Bild von Ernest H. Shepard, Zürich: Atrium Verlag

26 **Moost, Nele:** Malte ist schüchtern. Aus: Von wegen schüchtern. Stuttgart/Wien: Thienemanns Verlag 2002

80 **Morgenstern, Christian:** Die Enten laufen Schlittschuh. Aus: Klein Irmchen. Ein Kinderliederbuch von Christian Morgenstern und Josua L. Gampp. Leipzig: Insel Verlag 1931

3, 104 **Moser, Erwin:** Das Buch. Mein Baumhaus. Aus: Mein Baumhaus. Weinheim/Basel: Beltz Verlag 1983. Programm Beltz & Gelberg

46 Die Katze. Aus: Georg Bydlinski (Hg.): Der neue Wünschelbaum. Wien: Dachs Verlag 1999

161 Gewitter. Aus: Das große Fabulierbuch. Weinheim/Basel: Beltz Verlag, Programm Beltz & Gelberg 1995

34 **Nöstlinger, Christine:** Lieber Paul! Liebe Susi! (gekürzt). Aus: Liebe Susi, lieber Paul! Stuttgart: Thienemanns Verlag 1984. Mit einer Abbildung von Christiane Nöstlinger

52 Franz und die Berta. Aus: Hundegeschichten vom Franz. Hamburg: Oetinger Verlag 1996. Mit Bildern von Erhard Dietl

72 **Obrecht, Bettina:** Anna wünscht sich einen Hund. Hamburg: Oetinger Verlag 2000. Mit Bildern von Katrin Engelking

162 Wüstenfreunde (Auszug). Hamburg: Oetinger Verlag 2002. Mit Bildern von Katrin Engelking

94 **Rathenow, Lutz:** Ich freu mich. Aus: Sterne jonglieren. Ravensburg: Ravensburger Buchverlag Otto Maier 1989

113 **Rauschenbach, Erich:** Ein schönes Spiel (Text und Abbildungen, Auszug). Aus: Oh, Tochter: Bildgeschichten 2. Reinbek bei Hamburg: Rowohlt Taschenbuch Verlag 1980

16 **Rettich, Margret:** Briefe an Ole. Eine Geschichte zum Kombinieren. Bindlach: Loewe Verlag 1997. Mit Bildern von Rolf Rettich

100 **Rhenius, Barbara:** Durcheinander. Aus: Texte für die Primarstufe 2. Schuljahr. Hannover: Schroedel Verlag 1978

42 **Riha, Susanne:** Das kleine Eichhörnchen (Text und Bilder, Auszug). Wien/München: Annette Betz Verlag im Verlag Carl Ueberreuter 1990

94 **Ringelnatz, Joachim:** Es zwitschert eine Lerche … Aus: Sämtliche Gedichte. Zürich: Diogenes 2000

38 **Ruck-Pauquèt, Gina:** Drachensteigen. Aus: Tag- und Traum-Geschichtenbuch. 70 Geschichten zum Vor- und Selberlesen. Ravensburg: Ravensburger Buchverlag Otto Maier 1991

56 Meerschweinchen Rumpelstilz. Loewe Schnuppergeschichten. Bindlach: Loewes Verlag 1992

120 Der 1. April. © bei der Autorin

122 **Schmidt, Waltraud / Adrian, Christine:** Die jungen Amseln. Aus: Was lebt in unserem Garten? Ravensburg: Ravensburger Buchverlag Otto Maier 1996

46 **Schreiber-Wicke, Edith:** Mein Kater. Aus: Georg Bydlinski (Hg.): Der neue Wünschelbaum. Wien: Dachs Verlag 1999

110 **Schwarz, Regina:** Alles. Aus: Hans-Joachim Gelberg (Hrsg.): Überall und neben dir. Weinheim/Basel: Beltz Verlag, Programm Beltz & Gelberg 1986

153 Du. Aus: Hans-Joachim Gelberg (Hg.): Augenaufmachen. 7. Jahrbuch der Kinderliteratur. Weinheim/Basel: Beltz Verlag 1984, Programm Beltz&Gelberg

70 **Schweiggert, Alfons:** Die Geschichte vom beschenkten Nikolaus. Aus: Rolf Krenzer: Weihnachten ist nicht mehr weit. Limburg: Lahn Verlag o.J.

157 **Seidel, Heinrich:** Die Schaukel (gek.). Aus: Ernst Bühler / Margit Lobeck (Hrsg.): Wie schön sich zu wiegen. Stuttgart: Verlag Freies Geistesleben 1992

92 **Seuss, Dr.:** Jeder Tag hat eine Farbe (Auszug). Übersetzung: Uli Blume. © für die deutschsprachige Ausgabe: München: C. Bertelsmann Jugendbuchverlag, ein Unternehmen der Verlagsgruppe Random House GmbH 1996. Mit Bildern von Steve Johnson und Lou Fancher

20 **Steinwart, Anne:** Dicke Luft. (Textauszug). Aus: Von wegen sagt Mia. München: dtv Verlag 1994. © bei der Autorin

49 Alissas Geheimnis (Textauszug). Aus: Feuer und Flamme und andere Freundschaftsgeschichten. Würzburg: Arena Verlag 1997. © bei der Autorin

55 **Tollmien, Cordula:** Fragen und Antworten. Aus: Hans-Joachim Gelberg (Hg.): Geschichten von überallher. Weinheim/Basel: Beltz Verlag 2002. Programm Beltz&Gelberg

28 **Treiber, Jutta:** Der Platz neben Connie. Aus: Connie – Das Dazwischenkind. Wien: Dachs Verlag 1998

80 **Vahle, Fredrik:** Kleines Gedicht. Aus: Weihnachtsgrüße. Geschichten und Gedichte, nicht nur zur Weihnachtszeit. Köln, Zürich: Middelhauve 1986

156 Für den Stein in meiner Hand. Aus: Hans-Joachim Gelberg (Hrsg.): Was für ein Glück. Weinheim/Basel: Beltz Verlag, Programm Beltz & Gelberg 1993

75 **Wiemer, Rudolf Otto:** Sage, wo ist Bethlehem? Aus: Jetzt und hier – biblische Spielstücke, Heft 20. Weinheim: Deutscher Theaterverlag o. J.

154 **Wiencirz, Gerlinde:** Als mein Krokodil baden ging (Auszug). München: arsEdition 2002. Mit Bildern von Daniele Winterhager

33 **Wittkamp, Frantz:** Vielleicht hast du morgen ein Königreich. Aus: Ich glaube, dass du ein Vogel bist. Weinheim/Basel: Beltz Verlag 1987/1990, Programm Beltz & Gelberg

74 **Wölfel, Ursula:** Wenn Weihnachten ist. Aus: Das goldene ABC. Berlin: Der Kinderbuchverlag 1970

151 **Zöller, Elisabeth:** Die kleine Oma (Auszug). Aus: Kleine Omageschichten. Alle Rechte vorbehalten: München: Verlag arsEdition. Ungekürzte Lizenzausgabe: Berlin: Volk und Wissen Verlag 1998

54 Eine Liebe fürs Leben. Von Sarah Maczkowiak. Aus: Liebe – Geschichten und Gefühle. Edition Schmitz 2002

66 Das Töpfchen. Aus: Türkische Volksmärchen. Hrsg. v. Pertev Naili Boratav. Übersetzung: Doris Schultz. Berlin: Akademie Verlag 1989

85 Die Reise der Sonne. Heinz Lemmermann, Eva Bartoschek-Rechlin. Boppard/Salzburg: Fidula Verlag o. J. Text 2. und 3. Strophe: Cornelsen Verlag.

114, 176 Die Sendung mit der Maus. © I. Schmitt-Menzel/Friedrich Streich Lizenzhaus Köln GmbH. Die Sendung mit der Maus ® WDR Lizenzagentur: BAVARIA SONOR, 82031 Geiselgasteig

129 Wo bist du? Sorbischer Schwank. Aus: Das Eselsnest. Sorbische Volksschwänke. Gesammelt und deutsch erzählt von Pawo Nedo. Bautzen: Domowina Verlag 1983

139 Pflanzanleitung. Text auf einem Samentütchen zum Bilderbuch von Eric Carle: Nur ein kleines Samenkorn. Hildesheim: Gerstenberg 2001

Fotos

E. Oellermann, Heroldsberg 41 (Tafelgemälde des Hochaltars der Schwabacher Stadtkirche St. Martin); Dieter und Iris Leipold, Benningen 93; Okapia, Frankfurt a. M. 114 (von oben nach unten: Vogt, Sauvanet, Kellner, Laßwitz, Gerlach); Werner Cee 156, 157, 158 (Bettina Obrecht); Katrin Engelking 156, 157, 160, 161